幸せの本質

一生涯続く笑顔あふれる人生のつくりかた

Essence of Happiness

How to create a life full of smiles that lasts a lifetime

Honami

KADOKAWA

はじめに――「心から幸せな人は、どこにいるの？」――

14歳。中学2年生のときに人生に絶望した私は、「心から幸せに生きている人」をずっと探していました。

学校の先生はいつも疲れているし、同級生はクラスメイトの悪口を言っているし、親は「お金がない」と嘆いている……。

周りの人間より少し敏感だったせいか、目の前にいる人の笑顔の隙間にあるどこか悲しそうな表情を、なんとなく見抜いていました。

大学生になって上京してから、たくさんの出逢いの場や学びの場に足を運びました。本を出版している経営者のスクール、お金を稼いでいるビジネスマンが出没する港区のバー……。そこで出逢った人の紹介の場にはほとんど顔を出し、成功者がやってきそうなお店でアルバイトもしました。

その過程で、多くの人生の先輩方に触れました。

お金があっても実は病気で苦しんでいる人、表面上の友人は多いようだけど周囲からは信頼されていない人、会社がうまくいっているように見えても実は自転車操業の人……。

他人の人生に触れながら「こんな生き方、素敵だな」と感じたり、逆に「これはちょっと憧れないな」と感じたり、さまざまな感情を味わうたびに、自分にとっての理想の生き方をノートに書き出し続けました。

例えば、こんな感じです。

【当時の私が書き記していたもの】

●心から幸せそうな人が持っていた要素

・肌がツヤツヤで、いつもハツラツとしている
・いつもプラスの言葉をかけてくれる
・身近な人を大切にしている
・やりたいことが実現できる経済力と時間がある　など

●憧れないなと違和感を抱いた要素（↓その対義の要素）

・自分の健康を後回しにして、働きすぎて病気になっている
↓心身の健康を手にしている
・心にも時間にも余裕がなさそうでイライラしている
↓心にも時間にもゆとりがあって穏やか
・嘘をついて、そばにいる人を裏切っている
↓正直さと誠実さを大切にしている
・世の中に対する不平不満を語っている
↓マイナス要素に目を向けすぎず、自分が世の中にできることを前向きに実行している　など

なぜ、これらを書き出していたのかというと、前著『大丈夫！すべて思い通り。』『決めれば、叶う。』（いずれもKADOKAWA）にも書かせていただいた通り、この時期に**「潜在意識」が持つ無限の可能性**を知り、**「心に従って自分の願望を明確に**

すると叶う」ことを知っていたからです。

やがて、「自分が求める幸せの輪郭」が少しずつ明確になっていきました。

そしてついに、理想の生き方を書き出し始めて10年ほど経過した20代半ばのときに、**「心から幸せに生きている人」との出逢い**があったのです。

出逢った瞬間に「ビビビ」ときて、まさに運命の出逢い！　といった感じでした。

その方は、**ただその場にいるだけで輝いて見えました。**

そこから芋づる式に、幸せなオーラをまとう40〜90代の「真の幸せの生き証人」たちに、どんどん出逢えるようになりました。

心からの笑顔で、目の前にいる人の幸せを本気で願い行動ができる、素敵な人たちでした。その方々のそばにいるだけで、こちらも幸せな気持ちになるのです。

「私が探していた心から幸せな人たちは、まさにこんな人たちだ！」と、感動で魂が震えました。

「こんな歳の重ね方をしたい」というモデルとなる方たちに出逢えた喜びでいっぱいになり、暇さえあれば、その方たちにお会いさせていただきました。

お一人お一人にこれまで生きてきた過程をインタビューすると、思いがけない形で夢が叶ったり、奇跡的な体験をしたりしている方がたくさんいることにも驚かされました。

わかりやすいところで言うと、懸賞や抽選に頻繁に当選していたり、絶望的な状況から不思議な流れが起こって助けられたりしているのです。

私は中学2年生の頃から、潜在意識や引き寄せの法則、願望実現のメカニズムを探求してきました。

そうした中で、**「幸せに生きる人は運が良く、天に味方されて夢をどんどん叶えていく」**ことを知っていました。

その方々を見ていて、「**幸せに生きる人は、潜在意識の無限の可能性の生き証人でもある**のだな」と感じたのです。それまで「こんなに幸せになったらバチが当たる」とか「幸せすぎて運を使い果たした」とかいう言葉を聞いたことがありましたが、そうした言葉を気持ちよく裏切ってくれます。

うれしい出来事があったら、またさらにうれしい出来事が重なり、ますます幸せのスパイラルに巻き込まれていくのです。

その方々と過ごす奇想天外な時間は、本当に楽しく充実したものでした。**大切にしていることや実行していることを教えていただき、素直に1つずつ実行していきました。**

すると気づけば、**私自身も自ら掲げていた「心から幸せに生きている人」の項目を満たし、夢がどんどん実現していたのです。**

私は元々、自律神経や腸、子宮に関わるあらゆる病気があり、心も不安定だったのですが、**病気も改善され、鋼（はがね）のメンタルに変化**しました。

「出逢えてよかった」と心から思える同じ志の仲間と出逢え、人生の最高のパートナーである夫と結婚。

そこから、**経営している会社の総売上は数億円**を超え、２０２３年現在では**YouTube登録者数は計30万人、ＳＮＳの累計フォロワー数は計45万人……**。

２０２１年には初の書籍『大丈夫！すべて思い通り。』を出版でき、ベストセラーとなりました。

夢は1つ1つ実現されていき、今でも想像以上の現実がつくられていますが、ビジョンが現実化するスピードは、どんどん加速しているように感じます。

その実現は、**自分一人の力ではなく、多くの人の協力があったり、目に見えない何かに後押しされたり、上昇気流に乗せてもらっている**ような感じなのです。

常に「すごいなぁ」「ありがたいなぁ」、そして「幸せだなぁ」という気持ちが湧き上がってきます。

ただ、そんな素晴らしい流れの中に生かしていただいている過程において、衝撃的な出来事も多々起こりました。

一番の衝撃は、突然、後輩が二人亡くなったことです。一人は自ら命を断ち、一人は病気で亡くなりました。

自分は楽しくありがたい人生を生きている中で、身近な人、しかも20代の若い命が消えていくことがショックでたまりませんでした。

彼らは優秀な大学を出て、競争率の高い有名企業に就職し、傍(はた)から見たらエリートであり成功者だったのです。

「心から幸せな人を本気で増やさなければいけない」

そんな気持ちが高まり、使命感を抱くようになりました。


「歳を重ねていけばいくほど、夢も希望も消えていくものだ」

あなたは、そう思っていませんか？

はっきり言います。それは大きな間違いです。


歳を重ねれば重ねるほど、夢が軽やかに叶い、心からの幸せがどんどん拡大していく世界があるのです！


信じられませんか？

確かに、私もそんな世界を知らなかった10年ほど前に、「そんな世界に生きたい」と叫んでいたら、周りの大人に「きれいごとだ」と言われ、散々馬鹿にされてきました。

しかし、20代半ばのときにそうした世界を知り、36歳になった今では、完全にその世界に生きているのです。

20代の頃よりもはるかに心身が健康で、信頼できる人に囲まれ、お金にも恵まれています。歳を重ねるほどに、幸福感が高まっていく世界です。これは私の周りの30〜90代の方も、年々体感している世界です。

この本をきっかけに、あなたにもそんな夢のような素晴らしい世界を知っていただきたいのです。

私がこれまで大〝成幸(せいこう)〟者の方々に教えていただいた実践方法と、3000万円以上の投資をして得た学びを、すべて詰め込んだのが本書です。

一生涯笑顔あふれる生き方ができる未来へ、共に向かっていきましょう。

Honami

第1章 幸福な人が積み上げていた「幸せの三角形」

第2章

心と身体の高いレベルの健康

第3章

心でつながる人間関係

第4章 喜び合いながら得られる経済

第5章

「幸せの三角形」を実現させるために

ブックデザイン　菊池 祐
本文ＤＴＰ　荒木香樹
構成　山守麻衣
校正　パーソル メディアスイッチ
編集　河村伸治

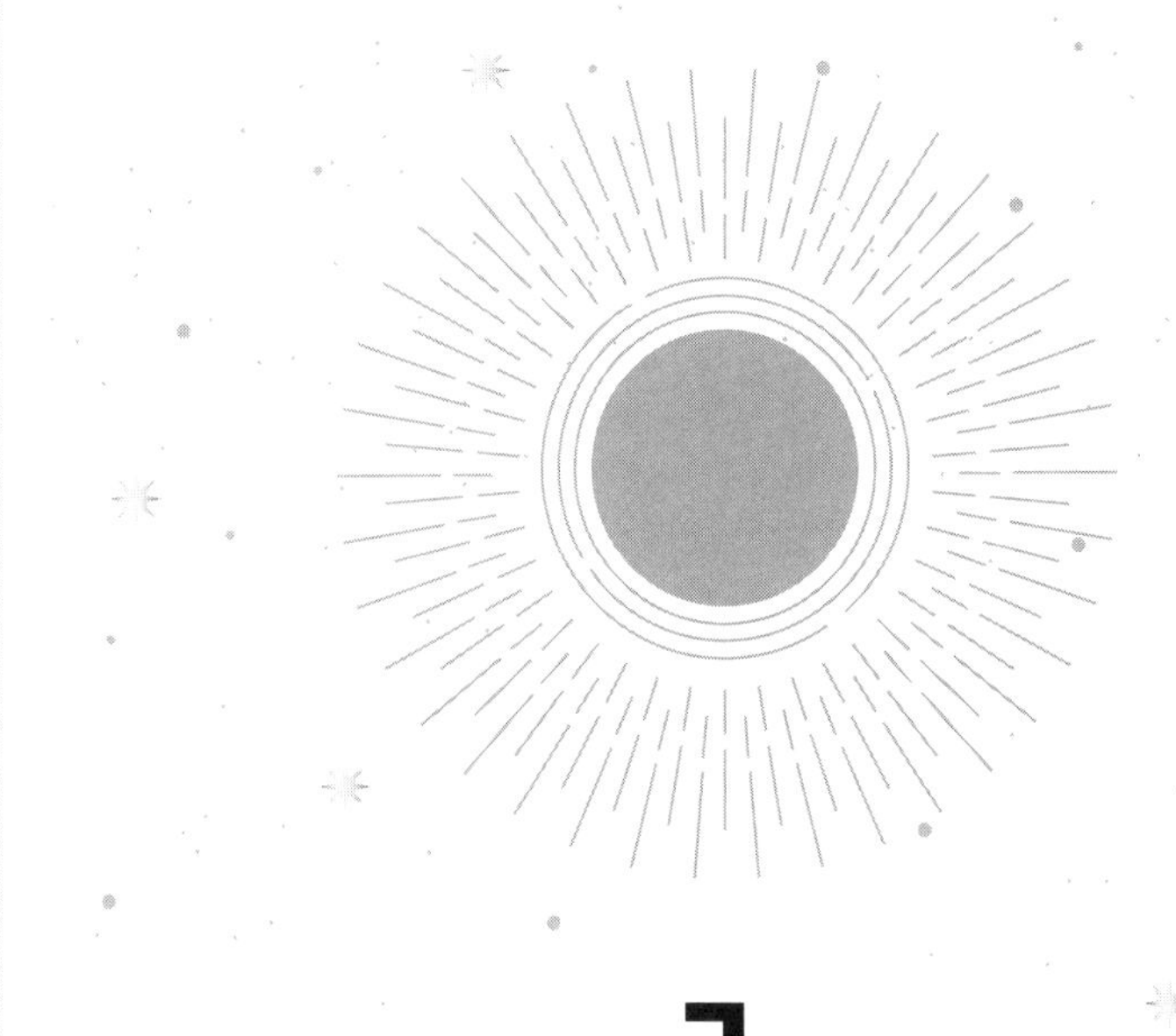

第1章

幸福な人が積み上げていた「幸せの三角形」

「一生涯続く心からの幸せ」への最短ルート

心身共に健やかで（＝健康）、好きな人たちと共にあり（＝人間関係）、自分らしさを発揮して経済を得て（＝お金）、どんどん夢が叶い、豊かになっていく——。

そんな生き方をしている人生の先輩方に、一番初めに教わったことがあります。

それが、**「健康・人間関係・お金」という3つの層が盤石な状態こそが、心から幸せに生きる人が大切にしていることである**、という点です。

この考え方は、私が20代半ばのときに不思議なご縁で出逢った「心から幸せそうに生きている40代の女性」から教わりました。

「幸せに豊かに生きるためには、健康という最重要の要素を土台として、その上に人間関係、そして経済を積み上げていくことが大切だよ」と聞いたのです。その女性は三角形を描き、わかりやすく教えてくれました。それが左の図です。

「幸せな人たちが持つ要素」をたくさん箇条書きにしてきた私にとって、頭の中がク

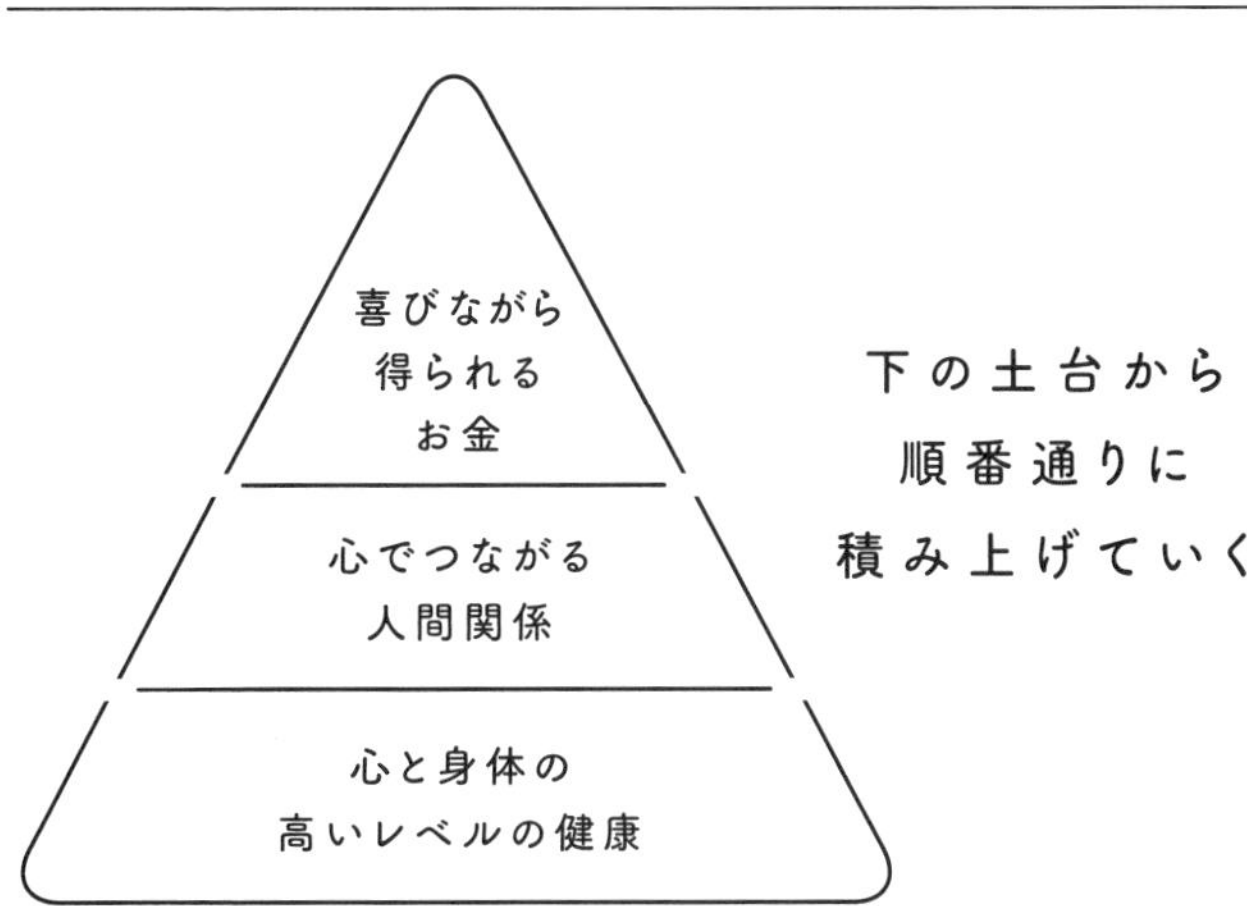

リアになる図で、とても印象に残りました。

それから8年後、精神科医でベストセラー作家でもある樺沢紫苑先生の『精神科医が見つけた3つの幸福』（飛鳥新社）の表紙を書店で見つけた私は驚きました。私が20代のときに教わった幸せの三角形と、ほぼ同様の図が描かれていたのです。すぐにその本を手に取りました。

樺沢先生は「脳内で幸福物質が十分に分泌されている状態で、私たちは『幸福』を感じる」と説明されています。

主たる三大幸福物質として、「セロトニン」「オキシトシン」「ドーパミン」に焦点を当て、幸福を3つに分類されていました。

セロトニン的幸福とは、心と身体の健康の幸福。オキシトシン的幸福とは、つながりと愛の幸福。ドーパミン的幸福とは、成功・お金の幸福です。

これらの3つの幸福を得るためには、優先順位があると書かれていたのです。もちろん同じ「健康→つながり→お金・成功」の順番で示されていました。

そして、「この順番を間違えると、幸福になるどころか、むしろおもいっきり不幸になる可能性もあります」というのです。

この科学的な解説には、非常に納得感がありました。樺沢先生には深く感謝をしています。

もしかすると、「私は健康や人間関係は二の次で、お金の面だけ手に入ればいい」という人がいるかもしれません。

でも、ちょっと待ってください。

どれだけ裕福であっても、健康を害し、病室の中で生活していてはお金を使う場面もありません。熱を出して寝込んでいるときが一番わかりやすいと思います。「今すぐ熱を下げて、早く寝室を出たい！」と思いますよね。

不健康になると、健康になることが夢になるのです。これは、**健康なときには忘れ去られる感覚**でしょう。心身が健康だからこそ、お金を使って多くの体験ができるのです。

また、健康を害すると、心に余裕がなくなることも多いものです。

おなかが痛くなったときに、幸福感を味わうことはできるでしょうか？　なかなか難しいですよね。お手洗いの列に並んでいて、「私は今おなかが痛いですけど、どうぞお先に入ってください」なんて譲ることは難しいでしょう。人を思いやることも困難になります。

今が健康な人は健康の重要性を感じづらいかもしれませんが、幸せの土台は紛れもなく健康なのです。

また、お金だけを追いかけていき、人間関係の構築を無視していると、後から必ずしっぺ返しがきます。

例えば、お金のためだけに仕事に集中し、家族を放っておきすぎて離婚となり、自分の成果を一緒に喜んでくれる人が誰もいない状態は、果たして幸せといえるでしょうか？

「まさにそうなりかけて、危うく一番大切なものを失うところだった」と話してくださる経営者は多いものです。

また、お金だけの人との縁は、まさに「金の切れ目が縁の切れ目」で、お金が途絶えるとなくなります。

「自分に人がついてきていたのではなく、お金についてきていたんだな」と知ったとき、どんな気持ちになるでしょうか。

それに反して、お金や利益をいったん横に置き、人が求めることや喜ぶことに集中している人は、人に愛され、その結果、お金はついてくるのです。

お金がなくなったとしても、そんな人には支えてくれる家族や仲間が必ず残るでしょう。事業に失敗したとしても、助けてくれる人が必ず出てきます。

何よりそんな「人を大切にする生き方」の人には、目に見えない力も味方してくれ

るのです。

第一に心身の健康、第二に人間関係、第三にお金（経済）の面が積み上がるように整えていく。これが私のたどり着いた「一生涯続く心からの幸せ」への最短ルートです。

さらにこの法則には、**「見えない世界によって夢実現が強烈に後押しされる」という、最高のおまけつき**です！

私がスピリチュアルにハマって落ちたワナ

「Ｈｏｎａｍｉさんといえば、潜在意識の専門家じゃないの？」

「現実的な話ではなく、スピリチュアルなことを説く人なんじゃないの？」

もしかすると、私の今までの書籍や発信を見てきてくださった方の中に、そう感じる方がいらっしゃるかもしれません。

もちろん、これまでの私の肩書きは「潜在意識の実践家」ですし、潜在意識について懸命に広めてきています。


潜在意識とは、人間の無意識のことです。前著『大丈夫！すべて思い通り。』や浅見帆帆子さんとの共著『決めれば、叶う。』でもお伝えしてきたように、この無意識を扱うことで、夢や願望が叶いやすくなるのです。

しかし、**この目に見えない世界にただ祈るだけでは、心から幸せに生きるために必**

要なすべての要素を手に入れることはできません。

生活習慣を整えたり、人間関係を見直したり、お金を生み出す働きかけをしたりなど、具体的な行動が必要不可欠です。

私は中学時代から20代半ばまで、潜在意識や引き寄せの法則など、目に見えない世界に重きを置きすぎていました。

願望実現のための自己啓発セミナーや、スピリチュアルな学びに、多くのお金と時間を投資しました。額にすると20代前半までで500万円を超えています。

そこまで投資してきたのにもかかわらず、当時の私は借金まみれになり、常にお金に困っていました。

そして、同じように目に見えない世界が大好きでセミナーに投資し続けている同じ講座生たちも、悩んでいる状況は一向に変わらず、人間関係やお金に苦しんでいるようでした。

その当時は、潜在意識が持つ無限の可能性を妄信していたので、恥ずかしながら「潜在意識にお願いさえすれば、寝ていてもすべてが叶う」と本気で思っていました。

しかし、状況は一向に改善されず、借金はどんどんかさんでいきました。

その後、豊かで幸せな人に出逢え、教えていただいた内容を1つ1つ見直し実践していくと、あらゆる問題がスムーズに解決していったのです。

「長年悩んでいたのは何だったの？」と拍子抜けするくらい、**行動を大切にすること**で、あっけなく解決しました。

そして、それを周りにシェアすることで、周りの人たちのさまざまな問題も解決していくようになったのです。そのときに悟りました。**「目に見えない世界だけにハマるとバランスを崩す」**ということに。

私はある時期、潜在意識を扱ったコーチングセッションを提供していました。

「潜在意識」という目に見えない世界に興味を持った方が申し込みをしてくださるのですが、フタを開けると現実世界から目を背け、現実逃避してしまっている方も少なくありませんでした。まるで過去の自分を投影しているようでした。

「目に見えない世界」だけを変えてなんとかしようと思っても、後からまた同じような問題が起こったり、目に見えない何かに依存して問題が一向に解決しなかったりすることも多いのです。

私たち人間が実際に体験しているのは目に見える世界であって、具体的に「理想の自分」を叶えるために必要な行動を三次元の世界で実行するからこそ、それが現実化するのです。

当たり前のように聞こえる話ですが、**スピリチュアルにハマり貧しい生活を送っていた頃の私は、その「行動」という当たり前の部分を完全に見落としていました。**

人生に関わるすべての要素は密接に関係していて、あらゆる部分を包括的に見直し実践していくことが、心からの幸せにつながっていくのです。

スピリチュアルだけにハマるのではなく、実際の現実世界の行動に落とし込めたときに、現実が好転していく方はたくさんいました。

幸せな状態は、目に見える世界と目に見えない世界のバランスが整ってこそ、得られるものなのです。

そもそも「幸せ」とは？　日本人の幸福度

そもそも「幸せ」とは、どのような状態を指す言葉なのでしょうか。基本的なところに立ち返って一緒に考えてみましょう。

一般的な意味としては、「満ち足りていて不満がなく、望ましい状態のこと」とされています。また、「運がよいこと」「満足できて楽しいありさま」ともいえると思います。

「幸せ」という言葉の英訳としては「Happy／Happiness（ハッピー／ハピネス）」と記憶している方も多いでしょう。近年は**「Well-Being（ウェルビーイング）」**という言葉もよく見聞きするようになりました。

世界保健機関（ＷＨＯ）憲章では、健康とは何かを説明する以下の前文に、Well-Beingという言葉が使われています。

――Health is a state of complete physical, mental and social well-being and not merely the absence of disease or infirmity.

――健康とは、病気ではないとか、弱っていないということではなく、肉体的にも、精神的にも、そして社会的にも、すべてが満たされた状態にあることをいいます（公益社団法人 日本WHO協会）。

また、厚生労働省はウェルビーイングを**「個人の権利や自己実現が保障され、身体的、精神的、社会的に良好な状態にあることを意味する概念」**と定義しています（「雇用政策研究会報告書 概要」より）。

一般的に、Happyは「幸せな感情」のニュアンスが強いのに対して、Well-BeingはWell（良い）とBeing（状態）が組み合わさって「幸せな状態」を表すようです。

私自身がずっと求めていた「幸せ」も、まさに**「肉体的、精神的、社会的に良い状態であること」**でした。

では世の中の人は、幸せに生きているのでしょうか?

この問いについて、注目したいデータがあります。

幸福学研究の第一人者・慶應義塾大学大学院の前野隆司教授によると、15歳から79歳までの日本人1500人に対して行ったウェブでの調査（2012年）では、人生満足尺度の平均は18・9点（35点満点）だったそうです。

つまり、日本人の多くの人は幸福度が高くないといえます。

日本人の幸福度の低さを示唆するようなデータは、ほかにもあります。ご存じの方も多いかもしれませんが、国連の「世界幸福度ランキング」です。

各国の人々に「どれくらい幸せを感じているか」を答えてもらい、その結果に対してGDP（国内総生産）や平均余命、寛大さ、社会的支援、自由度などの要素で分析をするというものです。

2023年版の報告書によると、首位は6年連続でフィンランド。そして日本はなんと47位。日本はG7という世界的な枠組みの中に入っている先進国のはずですが、その中では断トツの最下位です（カナダ13位、米国15位、ドイツ16位、英国19位、フ

世界保健機関（WHO）が定義する健康

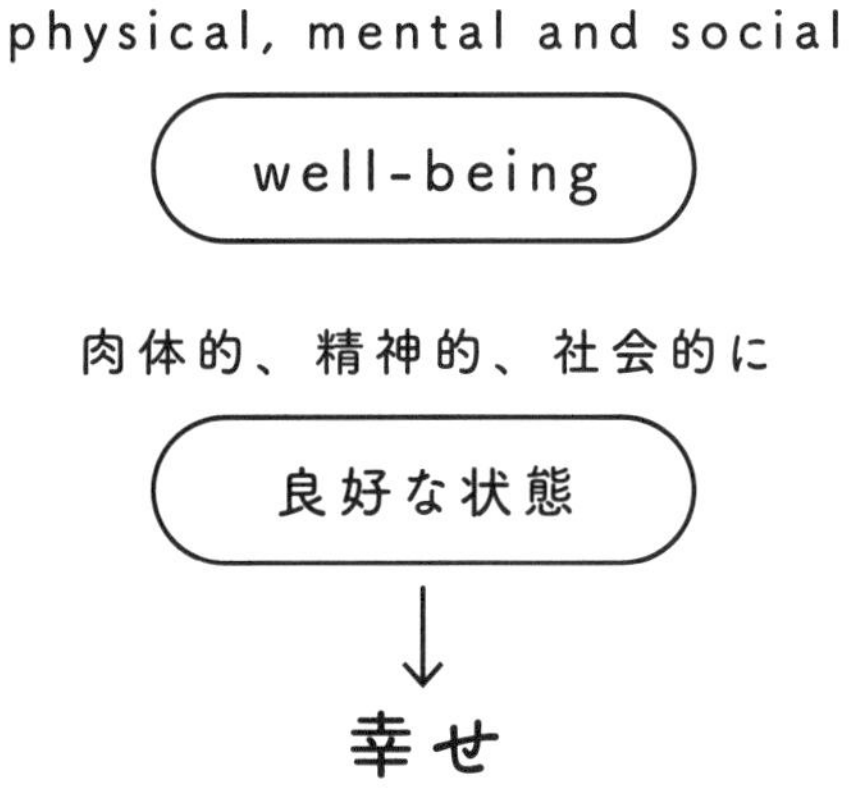

physical, mental and social

well-being

肉体的、精神的、社会的に

良好な状態

↓

幸せ

ランス21位、イタリア33位）。

残念な話ではありますが、客観的に見ても日本人の多くはやはり「幸せではない」といえるのでしょう。

このような公的なデータを引き合いに出すまでもなく、「多くの人が幸せそうではない」という事実を、私も10代の頃から体感してきました。

厚生労働省の「人口動態統計」によると、令和2年（2020年）における日本の年齢階級別に見た死因は、10～39歳（男女計）の全年齢階級で1位が「自殺」です。

10～14歳の「自殺」については、全

死亡の約29％を占め、前年1位の「悪性新生物」（がん）に替わっての首位となっています。また、15〜29歳では、「自殺」による死亡が全死亡の50％以上を占めています。当然、「不慮の事故」や「悪性新生物」による死亡を大きく上回っています。

「日本＝幸せそうに見えて、幸せじゃない国」。悲しいことですが、そう言っても過言ではない気がします。

自分だけの人生軸を探す3つのヒント

本書は、あなたに「一生涯続く心からの幸せ」を得て、「見えない世界によって夢実現が強烈に後押しされる」人生を送っていただくための本です。

そのために、次の章からは、心身の高いレベルの健康、心でつながる人間関係、喜びながら得られるお金（経済）の面を積み上げる、本質的で具体的な方法を示していきます。

その前に、**最初にやらなければならないこと**をお伝えします。これは見落としがちですが、とても大切です。

それは、**「自分にとっての幸せに本気で向き合うこと」**です。

自分が大切にしているものの考え方や見方を、真剣に考えてみてください。

これは、**「自分が大切にしている価値観を明確化する」**ということです。

傍から見て幸せそうだといわれても、本人が幸せではない場合は、この**「自分が大切にしている価値観」について本気で考える**過程を、飛ばしている可能性があります。

よくあるのが、「親にとっての幸せ」を「自分にとっての幸せ」としてしまっている場合です。

もちろん、両者が完全一致しているならいいのですが、自分にとっての幸せを考える隙もなく、「親の期待に応えなければならない」「親の夢を叶えなければならない」と義務感のようになってしまっているとしたら、危険な状態だといえます。

それは、**自分の人生を生きている状態ではなく、親（他人）の人生を生きている状態**だからです。親を愛しているがゆえに起こりがちなことで、これに関する相談もよくいただきます。

しかし、**自分にとっての幸せがほかにあるのに、自分の気持ちを押し殺して他人の期待に応えようとしている状態は、幸せな状態とはいえないでしょう。**

もちろん親だけではなく、夫や妻などのパートナー、家族や親戚、友人や先輩・後輩など、身近な人の価値観に影響を受けることは大いにあると思いますが、しっかりと見つめなければならないのは、**自分にとっての幸せ**です。

また、**世間でいう「成功」や「正しさ」にも気をつけなければなりません。**

偏差値が高い学校がいいとか、給料が高いもしくは安定した職場がいいとか、結婚相手はこんな人がいいとか、いろいろなことを見聞きするかもしれませんが、その都度、自分の心は本当にそれを求めているのかを確認しないと、気づかないうちに「他人が定める幸せ」の沼に落ちていきます。

最近は、SNSなどのオンライン上でも見かける「成功者」と呼ばれる人からの刺激も受けやすいでしょう。「フォロワー数万人！」とか「月商7桁！」とか「数千万円、買い物しました！」とかです。

情報であふれかえっているオンラインの世界では、目に留めてもらうことが大切なので、正直私自身もインパクトのある数字を表現することがありますが、そのあたかもインパクトのある数字と幸せはまったくイコールではありません。まったくです。これ

他人が幸せそうにしている発信の内容が、あなたの幸せとは限らないのです。

は錯覚しやすいので、本当に注意が必要です。

刺激が強い内容は目に留まりやすく、脳も興奮状態になりがちですが、**外からの情報に惑わされず、「自分は人生で何に価値を置いているのか」を冷静に見つめましょう。**

次のページから、ほかの誰のものでもない、あなたにとっての幸せと向き合うためのワークを3つ、ご紹介します。

ここは要（かなめ）なので、ページを飛ばさずにノートを開いて、本気で、本音で、自分自身と向き合っていただきたいです。

ワーク❶ 人生で一番つらかったことに向き合う

まず1つめが、自分が「人生で一番つらかったこと」に向き合うワークです。

自分にとっての幸せと向き合うときに大切なのは、**自分の素直な「感情」と向き合うことです。**心が大きく動くということは、あなたの魂、潜在意識が大きく反応しているということです。

感情が大きく揺さぶられる経験に、あなたが大切にしている価値観が隠れている場合が多いのです。

ここで、私が初めて「人生で一番つらかったこと」と向き合った経験について、お話しさせてください。

大学3年生の就職活動をする時期に、キャリア設計のためにスクールに通いました。最初の講座で取り組んだことは、20人弱の仲間の前での発表でした。

そこで突然、「今までの人生で一番つらかったことを共有してください」と言われたのです。

「なんでいきなり、初めて会ったばかりの人の前でそんなことを言わないといけないの!?」という気持ちになりましたが、とりあえずやるしかありません。

私はそのとき初めて、「人生で一番つらかったことって何かな……」と、それまでの人生を振り返りました。

そして、中学2年生のときの出来事を思い出したのです。私にとって一番つらかったのは、母親の裏切り行為に気づいたときだ、と思い出しました。

発表では、そのときのことを具体的に細かく描写するように言われました。ノートに、そのときはどんな状況だったのか、どんな気持ちだったのかを書いて、それを皆の前で表現しました。

今までその出来事を具体的に振り返ることも、わざわざ再度つらさを感じ直すことも、人にしゃべったこともなく、ひっそりと自分の胸にしまっていたことでした。気づいたらボロボロと泣いてしまい、私は嗚咽(おえつ)しながら発表していました。

講座の中では、発表の後に仲間が**「なぜ、それがつらかったのか?」と気持ちを掘**

り下げていくことになっていました。

本質を探るために、なぜ、なぜ、なぜ、と冷静に掘り下げるという、心をえぐられる時間を経験したのです。


「母の裏切り行為に気づいてショックだった」

「なぜ、それがショックだったの？」

「……見捨てられた気持ちになったから」

「なぜ、見捨てられた気持ちになったの？」

「……私よりもほかの人が大事なんだって思って、大切にされてないと感じたから」

「なぜ、大切にされていないと思ったの？」

「……そんな行動を取るということは、私を愛していないからだと思ったから」

「なぜ、それがあなたを愛していないからだと思ったの？」……


素直に、正直に、本音と向き合っていきます。

深掘りをずっと続けていると、さまざまなことに気づいてきます。

【掘り下げて本音と向き合ったことによる気づき】

・自分ではもう大丈夫と思っていたけど、母を信じられなくなることが一番つらかったんだな

・思ってもみなかったけど、実は自分にとって、家族とのつながりが一番大事なのかもしれない

・あの時期の、家の中に会話がなく冷たい感覚もつらかった……

・そういえば家だけじゃなくて、学校の人間関係も同じような時期だったな

・このときの母は自分のことを愛していないと思い込んでいたけれど、母も大変だったのかもしれない

↓

●そこから気づいた自分が大切にしている価値観

・家族との信頼し合えるつながり

・誠実であること、正直である関係性

・日常の中で目を見て話す時間があること

こうして、感情の奥にある自分が大切にしている価値観を見つけていくのです。

まずは、**自分だけのノートに「一番つらかったこと」を書き出し、「なぜ、それがつらかったの？」と掘り下げていってみてください。**

つらかったことは、1つだけに絞らなければいけないわけではなく、複数あったとしたら、つらかった順番に並べてみてください。そして、順位が高い順に1つずつ向き合っていくと、自分が大切にしている価値観が見えてくることがあります。

このワークだけで「私にとっての幸せはこれだ！」とすぐに明確になるというよりも、**日々このように自分の感情と、その感情が起こった理由、その感情のベースにある価値観を探っていくことで、自分にとっての幸せの輪郭が少しずつはっきりしてくる、**という感じです。

いきなり答えを出そうとしなくてOKです。自分の素直な気持ちと向き合うことで、自分の求めることがだんだんと見えてきます。そのための一歩として、この「つらかったこと」に向き合うワークはお勧めです。

ここで、ある3日間の研修でのエピソードを紹介させてください。

そのときも、グループの中で「一番つらかった経験」を共有する時間がありました。

40～50代の男性が「あんまり（つらかったことが）ないんですよね」と言いながら、最後にポツリと、こう漏らしたのです。

「実は、小学校から高校までいじめられ続けていたんです」

私は、その方がそのことを口に出してくれたことに心を動かされながら、話す機会を奪わないように黙って相槌を続けました。そしてワークが終わりました。

その3日間の研修がすべて終わった後、その方は参加者全員のグループＬＩＮＥから私を見つけ出し、次のようなメッセージを送ってくださいました。

――あのワークのとき、いじめられていた過去は整理されていたと思っていたのですが、あの後ホテルに帰り、フタをしていた自分に気づきました。話すつもりはなかった過去……Ｈｏｎａｍｉさんだから話すことができました。感謝しています。最後の最後まで、あと一歩が踏み出せず、直接声をかけて、お礼を言えませんでした。何度も声をかけてくださったことも、すごくうれしく感謝しています。ありがとうございます。

とても心が温まるうれしいメッセージでしたが、**やはり人は心にフタをしているの**だなと思いました。

自分が「つらすぎる」と感じることなど、やはり思い出したくもないし、向き合いたくもない。けれども、そのような「つらすぎる」経験こそ、実は全部〝ギフト〟なのです。

感情が動くということは、そこに大事なものが詰まっているから。そこに、「自分が人生をどう生きたいか」というヒントがあるのです。

ぜひ、丁寧に向き合ってみてください。

ワーク 2

人生で一番感動したことに向き合う

2つめに取り組んでいただきたいのは、「人生で一番感動したこと」に向き合うワークです。

「つらかったこと」はマイナスに大きく感情が動いた瞬間でしたが、それに対して「感動したこと」はプラスに大きく感情が動いた瞬間です。

こちらについても、私の例を挙げさせてください。

私は静岡県の田舎生まれ、田舎育ちです。常に人との温かいつながりやぬくもりを感じさせてもらえる環境にいましたが、大学に入って初めて東京に行くと、まったく違う地域で、周囲は「初めまして」の人たちばかり。ビルがたくさんあって、隣に誰が住んでいるかもわからない。そうした状況がとても孤独でした。

そんな大学時代、六本木ヒルズの「リゴレット」というレストランで働けたことが、私の大きな転機となりました。そこは、『愛されるサービス』(かんき出版)という本の著者、新川義弘社長が創業されたお店です。

新川社長といえば、今も飲食業界のキーマンです。「サービスの神様」と称され、ジョージ・ブッシュ元大統領と小泉純一郎元首相の接客を担当し、現在も数多くの新業態レストランを打ち出し、成功を収めてきた方です。

あるとき、私は新しいアルバイトを探して求人サイトを見ていたところ、オープニングスタッフの募集が目に留まりました。

「オープン前の飲食店だったら人間関係をゼロからつくることができるし、六本木という国際色が豊かな街でアルバイトできるのは楽しそうだな」と思い、募集をよく見てみると、業界で有名な社長のお店だとわかりました。

気になって新川社長のお名前を調べたところ書籍を出されていると知り、すぐに『愛されるサービス』を読んだのですが、殴られたような衝撃を覚えました。

そこには、見聞きしたこともないレベルの接客のエピソードや心構え、そして新川社長の仕事観や人生観が詰まっていたのです。

そのときまで世間知らずだった私は、「飲食店の接客なんて誰でもできる」「オーダーを取って料理を愛想よく持っていけばいい」と思っていたのですが、その考えは見事に覆されました。そして、「この方にお会いしたい！」と強く思ったのです。

私はすぐさまスタッフ募集に応募し、面接に向かいました。

しかし、そこで「あなたは大学生ですよね。うちは大学生を採らないんです」「大学生は学校もあって忙しいでしょう」とやんわり断られてしまいました。

すぐさま「待ってください！　大学3年では授業は週1回しかないです。だから私は週7で来られます！」と伝えたところ、「面白い。じゃあいいよ」と笑って採用してくださいました。

実際に、リゴレットの接客は、私のこれまでの「接客観」をはるかに超えていました。ウェイター、料理を運ぶランナー、そして料理を片づけるバスターという3つの役割が分かれており、昇格してウェイターになるまではお客様の注文を聞くことができず、最初は食器を下げるところから始まります。

ウェイターは、お客様の名前や、注文された料理を記録して覚えておき、次回の接客に活かすことはもちろん、目を見て挨拶をすることなど、日常生活の中でもとても大切な、人とのぬくもりある関わり合いについても学ばせていただきました。

また、下の名前で呼び合うような家族的な雰囲気がある半面、仕事については情熱あふれる厳しい環境でした。

「お客様のことを考えていないのではないか」という行動が見られると、すぐに上司に呼び出され叱咤激励をもらう――。私はそんな熱量に感動し、その店にいられることに幸せを感じて、働き始めた最初の2週間くらいは、毎日うれしくて泣きながら帰っていたのを、今でもよく覚えています。

そこには、目の前の人が求めるものを真剣に考えて、「どんな関わりがベストなのか」を本気で話し合える環境がありました。また、「六本木ヒルズ内でトップになること」、ひいては「地域に愛されて100年続くお店をつくること」もビジョンとして掲げ、スタッフ全員が共有していました。

私が少しでも何かに悩んでいるような素振りを見せると、「Honami、どうしたの？」とスタッフたちが敏感に察知して聞いてくださいました。

そんな人との本音の語り合い。目の前の人を想い、共に成長し合えるつながり。それこそ、自分が人生で大切にしたいことだと強く感じたのです。

この私にとっての一番の感動体験の中で、気づいた価値観のまとめが以下です。

・目の前の人の笑顔のために真剣に行動し合える
・高い目標を共有して切磋琢磨(せっさたくま)し高め合える
・人と本音で、本気で語り合える
・下の名前で呼び合い、いつでも相談できる家族のようなつながり

私は、大学3年生のときから、**これらワーク①とワーク②のような「過去と向き合うワーク」を主軸に、自分にとって感情が揺さぶられた場面をノートに書き出して、自分が求めているものを真剣に深掘りし続けてきました。**

自分の心に嘘をつくことなく素直に生きてこられたのは、この2つのワークに真剣に取り組んだことが大きかったと思います。

ちなみに就職活動では、エントリーシート記入時や面接時に自己紹介する機会が多く、その際に自分の本心とブレていると面接官に一瞬で見破られます。

自分の「人生軸」を核心のある一言にまとめるために、私は「これだ！」という最もしっくりくる言葉で表現しました。

私にとっての人生の軸は**「人が心でつながる場づくり」**という言葉となり、これをいつも胸に抱いて就職活動を行い、第一希望の就職先に内定をいただくことができました。

これは今でも大切にしている言葉で、何かに迷いそうになったときに、常にこの原点に立ち返っています。

ワーク 3

「9つの幸福チェック」で現在と理想を明確にする

これまでの2つのワークで大切にしたい価値観を明確にしたら、3つめのワークに進みましょう。

これからお伝えする9つの項目で、**今のあなたの状態と、これから目指したい状態（理想の未来）を明確にします。**

日常の中で「なぜだか幸せを感じない」「なんだか満たされない気がする」と感じている方もいるかもしれませんが、このワークによって、何に対して満たされない気持ちでいるのかを明確にすることができます。

また、ただ「幸せになりたい」と思ったとしても、自分にとって具体的にどういう状態を幸せと感じるのかを明確にしなければ、何を行動したらいいかも明確になりません。現状と願望の確認のために取り組んでみてください。

【9つの幸福チェック】

1つめは「心の健康」です。潜在意識やマインドのことも指します。
2つめは「身体の健康」です。「身体の健康と美」と考えてもOKです。
3つめは「家族関係」です。親子、夫婦、家族などの人間関係を指します。
4つめは「人間関係」です。家族以外の人間関係のことです。
5つめは「仕事」です。
6つめは「お金」です。収入や今あるお金のことです。
7つめは「時間」です。
8つめは「環境」です。生活や職場の環境、コミュニティなどを指します。
9つめは「趣味・成長」です。

【幸福チェックのやり方】

①9つの項目の満足度を10点満点中、何点か記入する

各項目における現在の満足度を数値化することで、「今、自分がどういう状態

で、何を求めているのか」が明確になります。

日々に漠然とした不満を抱えている人は多いですが、「何が不満で、それがどう改善されればいいのか」を具体的に説明できる人はあまり多くありません。

望む状態を明確にするために、現在に点数をつけます。

②点数が最も低い項目の現状と理由を書き出す

次に確認するのが、一番点数が低い項目です。人によっては複数あるかもしれません。現状どんな状態なのか、なぜその低い点数なのかを書き出します。

（例）お金が2点だった場合

なぜその低い点数なのか？　現状は？

↓月収8万円。学びに投資できる余裕がないから。

③どんな状態になれば、最も点数の低い項目が10点満点になるのかを具体的に書き出す

他人が感じる10点満点と、自分が感じる10点満点はまったく違う内容になる

9つの幸福チェック

今の満足度を10点満点で確認する。
低い点数の項目から、どのような状態になれば
10点満点になるかを具体化する

ため、しっかりと自分自身の心に素直になって書き出すことが大切です。

例えばお金の項目は、月収が高ければ高いほど、10点満点になるわけではありません。人によって求める金額は違います。「今の自分にとっての10点満点はなんだろう?」と感じてみることが大切です。

「どうせ、これを叶えるのは無理だろう」という発想もいったん捨てて、「なんでも叶うとしたらどうなりたいか」という基準で書いてみてください。


(例) お金が10点満点になるには、どんな状態になったらいいのか?
→月収30万円。学びに投資し続けられ、引っ越しもできる状態。

ここまでを見つめるだけでも、今の自分が何を一番求めていて、どう対処したらいいのかが明確になります。ほとんどの方が、ここまで取り組むだけでスッキリするでしょう。

「まだ何か自分には得たいものがあるかもしれない」と感じた場合は、④以降にも取り組んでみてください。

④最も点数が低い項目が10点満点になった際、ほかの項目に起こる影響を確認する

さらに、その低かった項目が10点満点になることで、ほかの項目の数字に変化があるかどうかを確認します。

(例) お金が10点満点（月収30万円で学びに投資し続けられる状態）になったら、

環境５点→10点、趣味・成長３点→10点に変わる。

⑤その他の点数が低い項目も確認し、②→③→④と再度確認する

それでもまだ低い点数のある項目が気になった場合、先ほどの②と同じように、その項目の現状と理由を書き出します。

そして、先ほどの③のように、どのような状態になれば10点満点になるかを書き出します。

こうして、**すべての項目がバランスよく10点に近づくには、どのような状態になったらいいかを具体的にしていきます。**

「幸せの三角形」の図（21ページ）で見たように、**あらゆる項目が安定的に満たされ、一生涯幸せに生きるためには、第一に健康、第二に人間関係、第三にお金（経済）の面を丁寧に積み上げていくことが最短・最強ルートである**ということが、私のたどり着いた結論です。

次からの第2章「心と身体の高いレベルの健康」では、1つめの「心の健康」と2つめの「身体の健康」について。

第3章「心でつながる人間関係」では、3つめの「家族関係」と4つめの「人間関係」について。

第4章「喜び合いながら得られる経済」では、5つめの「仕事」と6つめの「お金」について、**具体的にどうすれば一生涯高い状態で過ごせるのかをお伝えします。**

これらが満たされることで、7つめの「時間」、8つめの「環境」、9つめの「趣味・成長」についても相乗効果で満たされていきます。

7つめの「時間」については、仕事が忙しすぎたり、やることが多すぎたりして、点数の低い場合が多いでしょう。自分でやらなくていいことを手放したり、心の状態を整えたりすることで解決することもありますので、第2章や第3章にヒントがあるかもしれません。

また、仕事に追われすぎている人は、第4章を参考に理想の働き方について考えてみましょう。

8つめの「環境」や9つめの「趣味・成長」についても、各章に通じる部分があるので、ヒントを見つけようとする意識で読んでいただきたいと思います。

それではここからは、**大事な順番通りに実践することで、夢や目標がどんどん叶う自分になっていく、**その具体的手順に進みましょう！

第2章

心と身体の
高いレベルの健康

心と身体の健康はいつだって連動している

この章では、**「一生涯続く心からの幸せ」の一番重要な土台である「心身の健康」**について見つめていきましょう。

健康については、どうしても今は健康であると思っていると、当たり前すぎてその重要性を見落としがちです。

「私は先ほどのチェックで、健康の点数は高かったので問題ありません」という方もいるかと思いますが、不健康になってからでは遅いのです。**歳を重ねていけばいくほど、気づかないうちに失っていくのが健康**です。

この一番の土台の「心身の健康」が崩れると、ほかの人間関係やお金など、あらゆる幸せが遠のきます。とても大切なところなので、この章で一緒に向き合っていきましょう。

私が健康に人一倍、気を遣うようになったのは、子どもの頃から不健康な時期が長かったからです。

「病は気から」といいますが、**実際にメンタル面の不調が、体の不調へとつながります。**

私の場合、まず思い出すのが、中学時代に人間不信に陥ったことです。

当時は両親の関係も悪く、そのことに気づいていたものの、あまり見ないようにしていました。当然、家にいても居心地は悪く、一方で学校に行っても女の子たちがグループをつくってお互いに悪口を言い合っていました。

そこで私は、「誰も信じられない」「どこにも居場所がない気がする」と悩むようになりました。

このときの私は自律神経失調症に悩まされていました。夜はなかなか眠れず、朝は起きられなくなり、いつも頭が痛いのです。ストレスからおなかも頻繁に痛くなり、便秘や下痢が続きました。

学校の健康診断では、鉄欠乏性貧血だと診断されました。当時の私は授業中に先生から、「お前、顔色悪いぞ。気分が悪いんだったら保健室に行ってこい」などと言われるくらいに常に顔が青白く、いかにも不健康そうでした。

「鶏ガラ」というあだ名をつけられるほどに身体が細く、朝礼などで立っていると気分が悪くなり、倒れて運ばれることもありました。

そのほかにも、鼻炎や結膜炎、花粉症、ハウスダストや猫アレルギーなど、ありとあらゆるアレルギー症状に悩まされました。生理不順や過多月経もひどい状況で、生理期間中はぐったりしていました。

保健室に通うことも多かった私は、自分がみじめに思えて、保健室の先生に「私、健康になりたいです。どうしたら心も身体も元気になりますか？」と泣きながら訴えたことがあります。

すると先生は、「大人になるにつれて心のバランスが整って、自然と健康にもなるはずよ」とさらっと言いました。私は「本当なのかな？」と思いながらも、ずっとその言葉を頼りにしてきました。

その後、大学生になると、今度は過食症に悩むようになりました。

地方から東京に上京して初めて一人暮らしを始めましたが、環境の変化に戸惑って強いストレスにさらされたのです。隣にどんな人が住んでいるかもわからず、部屋は狭く、コンクリートは冷たく感じられました。

田舎では自分はそこそこイケてるほうだと思い込んでいたのですが、都会に出たら想像以上に世間は広く、周りと自分を比べてどんどん自信をなくしていきました。学校の授業や課題にも思うように追いつくことができず、不安が募る日々。

そして気がつくと、自分でも驚くほどの量のお菓子を、吐く寸前まで食べるようになっていたのです。寂しさと不安から逃避するように、無心で食べていました。

大学入学後、夏休み手前ぐらいまでに12kgも太ってしまい、夏休みに駅で母と待ち合わせしても気づかれないくらいの激太りです。やせた母と撮った写真は、太りすぎて膝丈のスカートがミニスカートになってしまった巨人（私）と、囚われた小柄な宇宙人（母）のように写っていました（笑）。

そこでようやく「このままだとまずい」と危機感を覚え、本気で心と身体の健康に関する勉強を始めました。

さまざまな先生からマクロビオティックや分子栄養学などを通じて、健康管理や腸内環境を整える方法を学び、実践していきました。

中学2年生の頃から、潜在意識を中心とした成功哲学など、目に見えない世界や自己啓発についても学んできていましたが、それぞれの分野を突き詰めれば突き詰めるほど、**心と身体が密接に関係している**ことも確信しました。

そして、できることを1つ1つ実践していくほどに、私はみるみるうちに元気に健康になっていったのです。病院に行って治らなかった病気もすべて、自分で考え方や生活習慣を整えることで改善していきました。

この章では、一生涯の心身の健康を高いレベルで積み上げるために、「はじめに」でお伝えした**40〜90代までの「真の幸せの生き証人」たちが30年以上にわたり実践してきた方法で、私やクライアント様も実践して効果があった本質的な内容**をお伝えしたいと思います。

巷にはあらゆる健康法があり、流行はどんどん変わっていきます。調べれば調べるほどに、何が正しいのかがわからなくなることもよくあります。

そして、突き詰めて学べば学ぶほど、完璧に実践しようと思えば思うほど苦しくなり、幸せからほど遠い状態になってしまうこともあるかと思います。

実際に私はその過程を経てきましたが、今ようやく**「これが根本だ」と確信に至っ**

た健康づくりの本質について共有したいと思います。

自分なりに勉強と実践を続けてきて思うのですが、**自分の健康をつくれるのは自分だけ**です。

病気になって病院に行き「健康にしてください」と医者に言っても、ジムに行ってトレーナーに「健康にしてください」と言っても無駄です。自分で自分を健康にするために必要な考え方や行動をしなければ、健康にはなれません。

繰り返しますが、**心身の健康は、幸せに生きるうえですべての土台**です。**なくしてからその大切さに気づく一番の代表格は、健康**です。

「今、私は健康だ」と思う方も、**年々気づかないうちに確実に老いに向かっているの**で、１日も早くしっかりと学び、実践していただきたいと思います。

人生最後の10年をどう生きたいですか？

世界保健機関（ＷＨＯ）が発表した２０２３年の世界保健統計によると、平均寿命が最も長い国は日本で、84・3歳だったそうです。平均寿命は年々伸びており、誇らしいことではあるものの、**大切なのは平均寿命ではなく健康寿命**だといわれています。

健康寿命とは、健康上の問題で日常生活が制限されることなく生活できる期間のことをいいます。この**平均寿命から健康寿命を差し引いた期間が、平均で10年ほどある**とされています。

人生最後の10年……。

病室やベッドの中で寝たきりで、誰かからのお世話を必要とする、**生活が制限される10年**を過ごすのか。

それとも、自分の足で歩くことができ、病院や介護に頼ることもなく、**自由にイキ**

イキ自立して過ごせる10年を過ごすのか。

あなたは、人生最後の10年を、どう生きたいですか？

あるとき、心身健康で豊かに生きる、まさに「幸せの三角形」を積み上げている70代の男性が、同じ世代である60〜80代の仲間に、次のことをお伝えしている場面に遭遇しました。

——俺がもし病気になったら、周りのお荷物になるだけなんやよ。俺はそんなふうには絶対になりたくない。

逆に俺が、健康で自立していたらどうなると思う？　子どもや孫にとって頼れるおじいちゃんになれるんやよ。年齢を重ねてたくさんの経験がある、知恵袋になれるんや。歳を取っても誰かの役に立てるのは、たまらなく幸せやね。

あんたらは、どっちの老人になりたい？　俺は絶対、子どもや孫やひ孫に世話かけたくない。そのために俺はまず、健康でいなくちゃならない。健康は自分でつくるものや。病院では薬はくれるかもしれんけど、健康のつくりかたは教えてくれないやろ。

まずは毎日身体に入れるものをしっかり選ばなきゃならん。勉強せにゃあかん。自分の足で歩かなきゃならん。これは自分のためにも、周りのためにもや。

「自分が健康でいることで、歳を重ねたら周りのお役に立てる知恵袋になれる」

この人生の先輩の言葉に、私はとても感動しました。

病気で苦しんだり、介護を受けたりすることもなく、死ぬ直前まで元気に笑顔で過ごし、ピンピンコロリでこの世を去ることができるのは、誰しもの理想でしょう。

心と身体からの重要なサインをチェックしよう

「私は何の病気もないですし、健康です」という方も多いかもしれません。
ここで、次の症状が慢性的にないかどうか、確認してみてください。

落ち込みやすい　よくイライラする　不安感がある
集中力が落ちた　自分を責める　意欲の低下
眠れない　眠りが浅い　目覚めが悪い
身体が重い　疲れやすい　肩こり　頭痛　腰痛
便秘　下痢　食欲不振　体重減少
月経不順　性欲低下
アレルギー　貧血　目の疲れ
冷え　低体温（36・4℃以下）　むくみ　多汗

風邪を引きやすい　せき　立ちくらみ　めまい
動悸　息切れ　胸の痛み　吐き気
喉の渇き　手の震え　耳鳴り

いくつか当てはまりますか？

頭痛や目覚めが悪いなど、誰でも1つや2つは該当するかもしれません。これらの多くが、**病院で検査をしても「異常なし」とされる症状**です。

ところが、これらを**放っておくと、大きな病気につながる可能性があります。**

この状態を、東洋医学では**「未病」**と呼びます。

最近は、病気になってから治すのではなく、病気にならない心身をつくる予防の重要性が説かれる機会も増えました。まさに、これらの症状があるのであれば、早いうちに対処することが大切です。

「こんな症状は大したことない」と思うかもしれませんが、**これらはすべて心と身体からのSOS**であり、大切なサインなのです。

落ち込みやすかったり、イライラしやすかったりすることも、「これは私の性格だ」

と思うかもしれませんが、実はこれらもSOSサインの1つで、心が健康な状態とはいえません。

現代の病気のほとんどは、「生活習慣病」に含まれます。

日本人の死因の多くを占めるがん、心疾患、脳血管疾患をはじめ、それらの原因となる動脈硬化や糖尿病、高血圧や脂質異常症なども、生活習慣病の一部です。

かつては「成人病」と呼ばれていましたが、成人であっても生活習慣の改善により予防ができ、また成人でなくても発症することから、「生活習慣病」と改称されました。

特に、糖尿病、高血圧や脂質異常症などは、初期の段階ではほとんど自覚症状が出ません。放っておくと気づかないうちに進行し、ある日突然、命に関わることがあるため、サイレントキラー（静かな殺し屋）とも呼ばれます。

現代の病気や、今ほとんどの人が持っている不調の多くは、生活習慣により「自ら」つくり出しているものです。

普段食べているものが悪かったり、ストレスにさらされた環境にずっと身を置いていたりすることで、病気になるということです。

「病気になったら、病院に行けばいい」と思っている人もいるでしょう。病院に行くと、何らかの診断を受けられて、薬も処方してくれますが、ほとんどの場合は痛みを感じないようにするなどの対症療法にすぎません。

健康になるための勉強と実践を自分でしなければ、根本から病気が治るということはないのです。

逆にいうと、**前述したような小さな症状でも見過ごさずに対処することで、あなたの身体のポテンシャルはさらに高まる**ということです。

そのために、自らの生活習慣を整えていくことが大切です。

生活習慣を整えるとは、食事、睡眠、運動、ストレスの管理をする、と至ってシンプル。まずは、この章の内容を、できることから実践していただきたいと思います。

生活習慣の積み重ねで身体は数年かけて入れ替わる

「生活習慣を整えて、一生涯続く健康を目指そう！」と考えたときに、必ず知っておいていただきたいことがあります。

それは、**健康は1日ではできない、**ということです。

当たり前のことであり、よく聞くことだと思うのですが、本当にこれが腑に落ちている人は案外少ないようです。

私たちの身体は、約37兆個の細胞でできています。細胞の質は血液の質によって決まり、血液の質は食事の質で決まるともいわれています。

私は中学2年生で鉄欠乏性貧血だったとき、3ヶ月ごとに病院に通っていました。

なぜかと言うと、血液が入れ替わるサイクルが約3〜4ヶ月だからです。

健康を目指して健康食品を取り入れ、1ヶ月でやめてしまう方もいますが、短期的な行動はあまり意味がありません。少なくとも血液が入れ替わるまでの最初の3〜4ヶ月の間はじっくり様子を見るという心構えが必要です。

この3〜4ヶ月というのは「最低でも」というニュアンスで、身体が変化するには、より長い期間がかかります。場合によっては数年かかってようやく変化が現れることも珍しくありません。3〜4ヶ月という期間は、あくまで血液が入れ替わる期間にすぎず、身体の組織が入れ替わるのはもっと長い期間が必要とされているからです。

諸説ありますが、筋肉は約2〜7ヶ月、肝臓や腎臓は約1年、骨は約3〜10年で細胞が入れ替わるといわれています。

身体の細胞が入れ替わるのにそれだけの年月がかかるということは、例えば**今、不調で悩まされているとしても、その原因はそれまでの数ヶ月、数年間の不摂生の積み重ねが原因**だということになります。

また、食事を改めたり、運動を始めたりしても、その効果が現れるまでに何ヶ月も何年もかかる可能性があることを意味します。

「1ヶ月で3kgやせる！」という広告に踊らされ、ファスティング（断食）に挑戦し

元気な身体をつくる方法

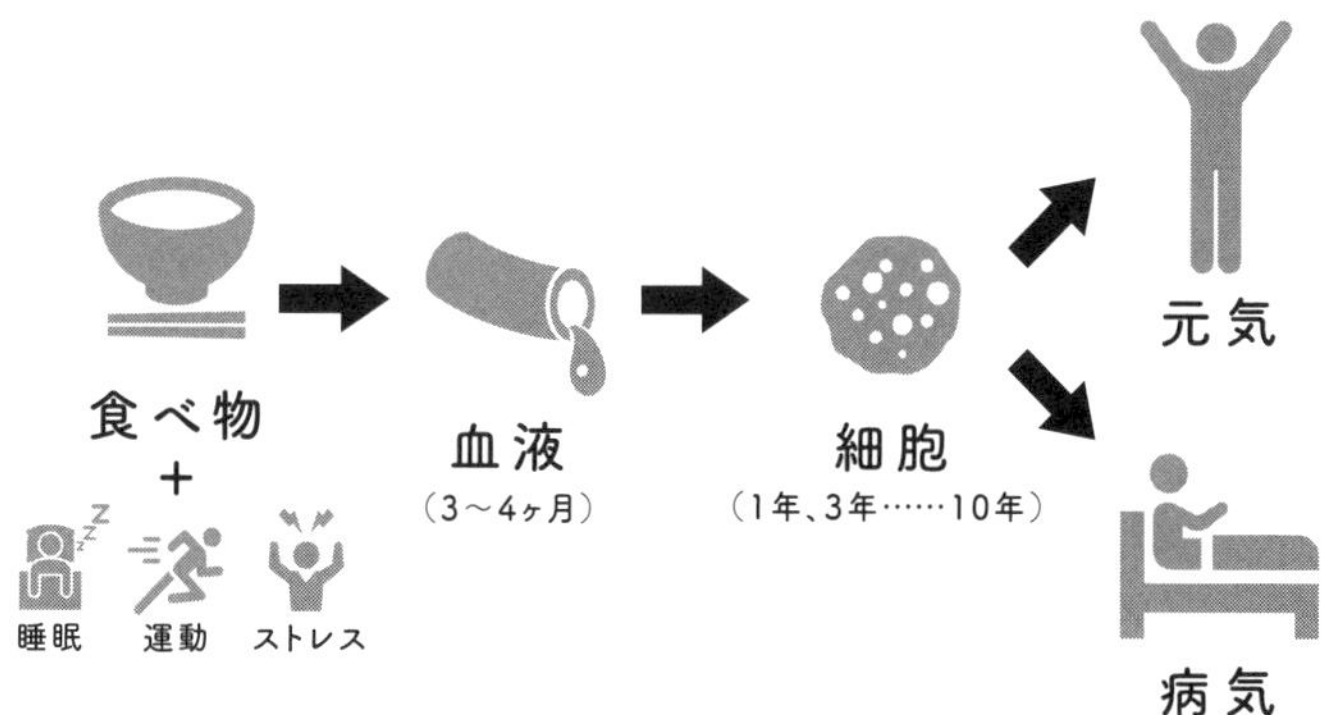

たり、短期のジムに通ったりした経験はありませんか？　恥ずかしながら、私は何度もありました。

その結果、本当に1ヶ月で3kgやせても、その1ヶ月後には元通り。最悪の場合は、無理した反動でストレスから4kg太ったりしていました。プラスマイナスで、プラスです（泣）。

そもそも身体の水分量が減れば体重は減るわけで、脂肪が本当に減っているかはわかりません。

例えば、糖質制限ダイエットをすると、すぐに体重は減ります。なぜなら糖質は水分と結合しやすいため、制限すると水分量が減るからです。

しかし短期間だけ行うことで、ホメオスタシス（生体恒常性）という人間の生命維持機能により、急激に体重が減ると身体を飢餓状態から守るために栄養吸収が高まり、脂肪が蓄積しやすくなるともいわれます。

その後の私は、気軽に継続ができる本章でご紹介する習慣を取り入れ、1年でじわじわと3kgやせて、数年経った今もリバウンドせずにキープしています。

「気軽に継続ができる習慣」というのがポイントです。無理があったり、ストレスがかかったりすると逆効果です。

前著『大丈夫！すべて思い通り。』に書かせていただいた通り、私は身体のリセットを目的に、18時間程度のファスティング（断食）をときどき実践しています。実際にファスティングをすると、腸内環境が改善し、体調がよくなるのを実感できます。

しかし、永遠にファスティングをするわけにもいきませんし、ファスティングの時間以外の食事が乱れていては、逆に身体に負担がかかってしまい悪影響になります。

まず、**血液が入れ替わる3～4ヶ月、次に細胞が入れ替わっていく1年、3年、5年、10年と、コツコツ継続していく心構えが重要**です。

一時的に何かをするだけでなく、**普段からの食生活をはじめ、長期的な目線で生活習慣を毎日整えているか、ということのほうがはるかに大切なのです。**

自分のエネルギーを最も高めてくれる食べ物

一生涯続く心からの幸せを得て、目に見えない世界によって夢実現を強烈に後押ししてもらうために、**「エネルギー」**についても知っていただきたいと思います。

私たちの身体は細胞でできており、細胞を細かく観察していくと、分子、原子、原子核、陽子・中性子、素粒子となり、それは最終的にエネルギーとも呼ばれます。**私たちの身体は最もミクロに見ると、エネルギー体**といえるのです。

10代の頃から引き寄せの法則を探求してきた私は、このエネルギーをいかに整えるかに注力してきました。

エネルギーは「気」と言い換えられます。私たちは昔から当たり前のように、「あの人とは気が合う」とか「この場所は気が良い」といった言葉を無意識に使ってきました。意識していなくても、感じているのがエネルギー（気）です。

引き寄せの法則が日本で最も有名になったきっかけが、ロンダ・バーン氏の著書『ザ・シークレット』（KADOKAWA）でしょう。

気分が良い状態であれば、気分が良くなる状況が引き寄せられる。逆にイライラしていたり不安を感じていたりすれば、それに合った状況が引き寄せられる、というシンプルな法則です。

自分のエネルギーが高く整った状態で日々を過ごすことができれば、自分が望む幸せな未来を引き寄せることができるのです。

前述したように、スピリチュアルにハマると、自分のエネルギーを高めるために、パワースポットに行ってみたり、パワーストーンを身につけてみたり、「パワー」があるものに興味が出るでしょう。

過去の私がまさにそうでした。もちろん、力をもらえることもたくさんあります。

しかし、それだけで実際の行動が伴っていなければ、自分以外の外側の世界に依存している状態ともいえます。

かつての私は、感情の浮き沈みが激しく、心がいつも安定しませんでした。

そして「こんなに悪い気分を味わっていてはダメだ。良い気分をキープしなければ、引き寄せの法則がうまく働かないのに！」と焦っていました。

あるとき、本当に幸せな状況をバンバン引き寄せている心が安定している方たちは、何より自分そのものから発するパワーを高めていることに気がつきました。パワースポットに行くばかりでなく、**自分自身をパワーの源としていた**のです。

その鍵となるのが、食べ物でした。

エネルギー体そのものである自分の肉体のパワーを、食べ物によって高めていた、ということです。

自分の細胞、肉体も食べ物でできています。確かによくよく考えると、エネルギーを高めるのに最も理にかなった方法だと思いませんか？

あるとき、『現象が一変する「量子力学的」パラレルワールドの法則』（サンマーク出版）など量子力学に関する書籍を複数書かれている村松大輔さんが、**私たちが自ら発しているエネルギー（周波数）は2つの要素でできている**と教えてくださいました。

1つは意識の振動（日頃の考え方、感情など、どのような意識でいるか）、もう1

つが肉体振動（食べ物、分子や原子をどのような材料でつくっているか）だといいます。

エネルギーを高めるために、目に見えない意識ばかりを大切にしていた私は、村松さんから「肉体振動」「食べ物からもエネルギーが構成されている」というお話が出たことに驚きました。

それ以来、私は心の状態や意識の持ち方だけにフォーカスするのではなく、食べているものにも気をつけるようになりました。

そうして自分のエネルギーを高めることを意識し始めてから、さらに運気が好転していったのを強く実感しています。

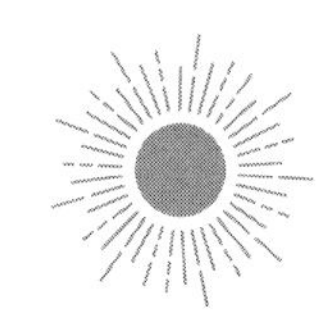

心身の健康の土台は「腸」にあり

自分のエネルギー（周波数）を高めたければ、食べ物を変えるのが最も効率的で本質的だと私は考えています。

なぜなら、**「腸」が感情をコントロールしている**ともいわれているからです。**腸が心をつくっている**と聞いて、あなたは信じられるでしょうか。

一番有名な腸の働きは、食べたものを消化・吸収・排泄している、ということでしょう。

腸は、小腸と大腸に大きく分けられます。小腸の内部には絨毛（じゅうもう）と呼ばれる突起があり、それを拡大するとさらに細かい微絨毛という突起でびっしりと覆われています。

小腸内部の総面積はテニスコート1面分もあるといわれ、食べたものの栄養素は主に小腸で消化・吸収されます。

その後、一部の栄養素の吸収を担い、水分吸収をコントロールして、残りかすで便をつくり肛門まで送り出します。

また、腸内には、食べたものだけではなく、食事や接触などによって細菌やウイルスなども侵入してきます。このような外敵に対して、全身への侵入や増殖を防ぐために体内で闘うのが「免疫細胞」です。

実は、全身の免疫細胞のうち、約6～7割が腸に集まっています。外から入ってくるもののほとんどが、腸を介して全身を巡るため、腸は身体の「玄関口」なのです。外敵を玄関でせき止めることが、腸の免疫細胞の重要な役割です。

リーキーガット（Leaky Gut）という言葉を聞いたことはありますか？

Leak は漏れる、Gut は腸という意味です。

腸壁から有害物質を侵入させないために隣り合った細胞同士がタンパク質でしっかりと密着しているのですが、これがゆるむことで隙間ができてしまい、有害物質が体内に漏れ出す状態のことをいいます。

リーキーガットの原因は、主に食や腸内環境の乱れ、ストレスなどと考えられています。有害物質が血中に入り、身体のさまざまな部位に運ばれることで炎症を引き起こし、さまざまな病気の原因になるといわれているのです。

一言で表すと、**腸は「必要なものを身体に入れて、不必要なものを身体の外に出す」という、とても重要な働きをしている**わけです。

この働きがきちんと機能しなければ、いくら身体に良いといわれるものを取り入れても消化・吸収されませんし、身体に不要なものを望んでいなくても取り込んでしまうということです。いかに大切な臓器かがわかります。

そして、願望実現について探求してきた私が一番注目している腸の役割が、**幸せ物質であるセロトニンをつくっている、**ということです。

セロトニンは、怒りや焦りなどの感情を抑制し、精神を安定させる神経伝達物質です。「気持ちがいい」「リラックスする」「癒される」というような状態をもたらします。

セロトニンが低下すると、落ち込み、無気力、感情の不安定さ、イライラを引き起こします。鬱病もセロトニン不足が原因といわれます。

この脳に存在している神経伝達物質のセロトニンをつくり出している源が、なんと腸であるというのです。

例えば、セロトニンはトリプトファンというタンパク質から合成されますが、食べ物でそれを摂っても、たくさんの腸内細菌がなければ、セロトニンが脳内に増えないことが明らかになっています。

つまり、腸の中にある「腸内フローラ」と呼ばれる腸内細菌のお花畑（Flora）が美しく保たれていれば人は幸福感を抱きやすくなり、逆にお花畑が荒れているような状態では幸福感は遠のいてしまう、ということです。

20代で過食症だった頃にこのメカニズムを知った私は、すぐに腸を整える食生活に切り替えました。

すると、イライラすることが減り、心が安定し始めたのです。そして気がつけば、花粉症などのアレルギーの症状や、毎シーズンかかっていた風邪も引かなくなっていました。

さらにそれだけではなく、自然に適正体重となり、ファンデーションを使わなくても肌が美しくなり、人から褒められることが増えたのです。
気分がいい日が増えることで、それに伴い夢実現も加速していきました。
腸を整えると、心と身体の両方が整い、いいことしかありません。

腸内フローラを整える2つの方法

では実際に、どのようにすれば腸を整えることができるのでしょうか？

その鍵となるのが、**腸の中に存在する腸内細菌**です。なんと1000種類以上、数は100兆個、重さは1～2kgに達するといわれています。

前述したように、腸壁の粘膜にびっしりと生息しており、まるでお花畑のように見えることから「腸内フローラ」と呼ばれます。

腸内細菌は、その機能から**善玉菌、日和見菌、悪玉菌の3つに分類され、2：7：1が腸内環境にとって良いバランスだといわれています**。日和見菌は、善玉菌が多いときは善玉菌の味方をし、悪玉菌が多いときは悪玉菌の味方をします。

悪玉菌が優位になると、腸内環境が一気に悪化し、さまざまな弊害が起こってきます。動物性タンパク質や脂質が多い食事に偏ると、悪玉菌が増える要因となります。

これらの菌のバランスによって私たちの性格までもが変わってしまう、といわれる

ほどの影響力が、腸内細菌にはあるのです。

腸を整える際のポイントはとてもシンプルで、善玉菌を増やす、ということです。善玉菌を増やす方法は２つ。１つは善玉菌そのものを摂取すること。もう１つは、善玉菌のエサになるものを取り込むことです。

善玉菌を含むものをプロバイオティクス、エサとなるものをプレバイオティクス、両方を併せて摂ることをシンバイオティクスと呼びます。

まず、善玉菌そのものを摂取するには、発酵食品を積極的に食べるのがポイントです。納豆には納豆菌、ぬか漬けやキムチなどには乳酸菌が含まれています。

手っ取り早いのは、**調味料を変えること**です。原材料がシンプルであり、麹で醸してつくられた「本物」に変えましょう。

味噌は「大豆・(米・麦)麹・塩」のみ、しょうゆは「丸大豆・小麦・塩」のみ、料理酒は「米・米麹」のみのものです。本物の味噌やしょうゆ、料理酒、みりんには麹菌、お酢には酢酸菌が含まれます。

善玉菌を増やしてくれるエサになるものは、水溶性食物繊維やオリゴ糖といわれています。

食物繊維には不溶性食物繊維と水溶性食物繊維の2種類があります。不溶性食物繊維は、腸内で水分を吸収してふくらみ、便のかさを増やし、有害物質を吸着して腸管の掃除をしてくれます。

一方、水溶性食物繊維は、水分に溶けて粘り気の強い液状になり、栄養の吸収をゆるやかにし血糖値の急上昇を抑えます。それと共に、善玉菌のエサになります。

不溶性食物繊維と水溶性食物繊維は2：1の割合で摂取するのが理想といわれています。

日本人の食事摂取基準（2020年版）でも、水溶性食物繊維が特に不足しがちで、意識して摂る必要があるとされています。水溶性食物繊維が多く含まれる代表的な食べ物を一言で表すと「ぬるぬるねばねば」です。

オクラ、モロヘイヤ、なめこや、コンブ・ワカメ・もずくなどの海藻類が「ぬるぬるねばねば」しています。これらを1日の中で意識的に摂取できるといいでしょう。

いらないものが身体に入ろうとしても、食物繊維の働きによって、腸で身体に不要なものとして便となって排出されます。素晴らしい機能ですよね。

逆に、肉類や魚介類、卵、乳製品などに含まれている動物性タンパク質や脂質の多い食事に偏ると、悪玉菌が増える原因となることは前述した通りです。

生活習慣病を予防して健康な生活を維持するための目標値として、1日に350g以上の野菜、そのうち緑黄色野菜120g以上を食べることが推奨されています。350gというと生野菜であれば両手で3杯、ゆでたものなら片手で3杯程度が目安です。

ほとんどの人は野菜が不足しているでしょう。1食1皿以上、1日5皿分の野菜を食べようと意識することで目標値に近づきます。

よく言われるような「バランスの整った食事」が、腸内細菌に良い影響を与えてくれるということです。

あなたの腸は大丈夫？　腸内環境チェック

前述したような内容を実践してもらえれば、**腸内環境が改善し、心の状態も変わってくる**はずです。

最もわかりやすく腸の中がどうなっているのかを知る方法があります。それは、便の状態を見ることです。「便」とは文字通り「便り」、つまり身体からのお知らせです。バナナのような表面が滑らかな便が理想といわれています。

便秘気味で便が硬い場合は、意識して水溶性食物繊維を食べたり、水分を多く摂ったり、良質な油を摂取するといいでしょう。

「便秘は万病のもと」ともいわれます。便秘は、夏場に部屋で生ごみを放置しているようなものです。

腸内で便の腐敗が進み、悪玉菌が増え、有害物質が発生することで、体臭や口臭、肌トラブル、代謝や免疫力の低下を招くとされています。

私が皆さんにお伝えしているのは、**「便秘の状態で良いものを引き寄せられるわけがない」**ということです。**なぜなら、身体に生ごみを溜めた状態だから**です。

例えば、自分の部屋の中をパワースポットにしようとしたときに、まず行うことは何でしょうか？　ごみ捨てや断捨離ですよね。

いくら部屋に神棚を置いたり、風水にこだわったりしていても、ごみを夏場の部屋にずっと放置していたら、運気も集まってきません。部屋の空気を入れ換えて循環することが大切です。

同じように、身体の中も循環を良くすることで、運気が巡ってきます。良い状態にするには、**「入れるよりも、まずは出す！」**ということです。


一方、望ましくない便の状態は、においがキツい場合であったり、便器にべっとり張りつく粘着質であったりする場合です。

理想的な便は、あまり力まないでもお尻からツルッと出て、トイレットペーパーで拭いてもつきません。

そして、くさくない便というのが腸のバロメーターとなります。おならも同じで、においがキツい場合は、腸内環境が悪化している場合があります。

ただし、完璧を目指す必要はありません。例えば焼き肉を食べた次の日は、多くの人がにおいのきつい便になるので、心配しすぎることはありません。

同様に、ストレスを感じたときに、下痢になったり便秘になったりしますが、あまり不安になりすぎないようにしましょう。

心と腸は直結していますので、心が不調のときは腸も不調で、これは誰でもよくあることです。

健康にある程度、気を遣っている今の私でも、つき合いで食事に呼ばれて、話が盛り上がっていろいろと食べていたら、おなかが張って便の調子が悪くなることはもちろんあります。

健康に目覚めると、完璧主義に陥りがちです。完璧主義になると、人と比較して焦って不安になったり、できない自分を責めたり、嫌になってやめてしまったりすることがあるのです。

ある健康法を熱心に実践しても、自分の身体の状態がなかなか変わらなくて「どうしてなんだろう？」と不安になる人がいますが、長年染みついた体質が急に改善するということはありません。

少しずつ楽しみながら続ける、というのが健康への近道です。

栄養素で細胞を代謝させよう

次に、**腸を整えながら実践する必要があるのが、「身体に必要な栄養素を摂り、細胞の新陳代謝を促す」ということです。**

多くの健康法に精通し実践した方々と出逢ってきた中で、**断トツで見た目が若々しく肌ツヤがあり、輝いて見える方が共通して実践していたのが、「栄養素を高いレベルで摂取し、細胞を新陳代謝させる」**ことでした。

あくまで私の主観であり、大袈裟かもしれませんが、**存在自体が発光して見えるの**です。存在自体が輝いて感じるということは、「その人の肉体やエネルギーから光る要素のものが出ているのか？」「どうしてそう感じるのか？」「どういう理屈なのか？」など、そこにとても興味がありました。

人間が活動するうえで必要なエネルギーや、身体を構成する筋肉・臓器・骨などの組織、生理作用の調整成分は、食べ物に含まれる栄養素によってつくられています。エネルギー源となる糖質（炭水化物）、脂質、タンパク質を三大栄養素、ビタミン、ミネラルを加えたものを五大栄養素と呼びます。そこに先ほどお伝えした食物繊維を加えたものは六大栄養素と呼ばれ、これらを摂取することが健康づくりの最低条件です。

これらはよく、車に例えられます。

・糖質（炭水化物）、脂質

　→エネルギーをつくる主成分（ガソリン）

・タンパク質

　→身体をつくる主成分（ボディ）

・ビタミン、ミネラル、食物繊維

　→身体の調子を整える主成分（エンジンオイル・潤滑油）

三大栄養素はバランスが大切だといわれます。

厚生労働省が推奨しているのは、糖質（炭水化物）50～65%、脂質20～30%、タンパク質13～20%という割合です。主食、主菜、副菜が揃った食事をしていれば、このバランスに自然と近づくでしょう。

しかし、自己流で流行りのダイエットに手を出し、三大栄養素のバランスを勝手に変えてしまうと、必要な栄養素が不足しやすくなるということを知っておかなければなりません。

私は20歳前後のとき、ストレスによる過食から何度も太ったりやせたりを繰り返したことをきっかけに、あらゆるダイエット方法について調べていました。

一過性のダイエットではなく、**健康の本質を伝えてくださるプロのトレーナーの方々からは、このＰＦＣバランス（Protein＝タンパク質、Fat＝脂質、Carbohydrate＝炭水化物）の重要性を徹底的に叩き込まれました。**本当に基本的なことなのですが、流行りに踊らされると見落としがちなところです。

このバランスを意識して食事をすると、身体は整い、余分な脂肪が自然に減っていきました。それに加えて美肌に命を注いでいた私は、できるだけ腸を整える食べ物を意識しながら、これらを実践していました。

当時、大学時代におつき合いしていた彼が一回り以上、年上の薬剤師でした。

「今の野菜には栄養素がほとんど含まれていないから、補助食品で摂るといいよ。本当は食べ物から摂るべきだけど、なかなか難しいんだよね。市販の補助食品で良質なものはほとんどないから、僕が開発したやつをあげるね」と、毎シーズン風邪を引く私を見かねて、彼が開発したマルチビタミン&ミネラルのサプリメントを届けてもらっていました。

彼の肌はいつもツヤツヤで、実年齢より10歳以上若く見られる人でした。そして彼とお別れしたら、見事にサプリメントが届かなくなりました（笑）。

どういう理屈で彼がそう言っていたのかを調べるうちに、**世界的に有名な栄養学者であるロジャー・ウィリアムス博士が提唱した「生命の鎖」理論**にたどり着きました。

ウィリアムス博士は、健康、生命維持のために46種の必須栄養素がバランスよく摂られていることが不可欠で、これらの栄養素が身体の中で協力し合って生命活動を維持している様子を「生命の鎖」と表現したのです。

現代の病気のほとんどは、細胞の新陳代謝異常から発生しているといいます。人間の身体は細胞によりつくられ、すべての細胞は、血液を通して運ばれてくる酸素と栄養をエネルギー源として活動しています。

そして、利用して不要になったものを、血液を通して戻します。これが代謝であり、この循環が正常に行われていれば健康である、ということです。

新陳代謝異常とは、必要な栄養や酸素が正しく供給されなかったり、不要なものが体内に残ったりしていることをいいます。

46種の必須栄養素を十分にバランスよく摂っていれば、人間の身体を形成している個々の細胞は、新陳代謝を繰り返し、次々と新しい細胞に生まれ変わることができるというのです。

これらをしっかり働かせ、新陳代謝させるためには、ビタミンやミネラル、アミノ酸など46種の必須栄養素が不可欠です。「必須」という言葉は、その栄養素がなければ生命を維持できないという意味です。

「ドベネックの桶」という考え方も参考になります。

ドイツの有機化学者であるユーストゥス・フォン・リービッヒ氏は、植物生理学を研究する際に、植物の生育は最も不足する栄養分に左右されるため、最も不足する栄養分を施さない限り、ほかの養分を施しても植物の収量は良くならないという、最小養分律を提唱したのです。

これをわかりやすくするために、ドベネック氏によって桶の絵が作成されました。身体に取り込む栄養を桶の中の水、桶の板1枚1枚を「必須栄養素」、桶の高さを「摂取した栄養素の量」と捉えてみます。

不足しているものが1つでもあると、桶の中の水が外に出てしまうため、不足分を補う必要がある、ということです。

ウィリアムス博士も「その人にとって不足している栄養は何かを突き止め、それを補いなさい」と言われています。しかしながら、**その人固有の欠乏栄養素を見つけ出すことは難しい**問題なのです。

髪の毛や血液のミネラル分析はできますが、その数値がそのままミネラルの必要量や不足量に結びつくとはいえないからです。46種もの栄養素が相互に関連し合いながら、体内でいろいろな働きをしているので、ミネラル、ビタミン、タンパク質、脂

栄養素は単体ではなくチームで働く

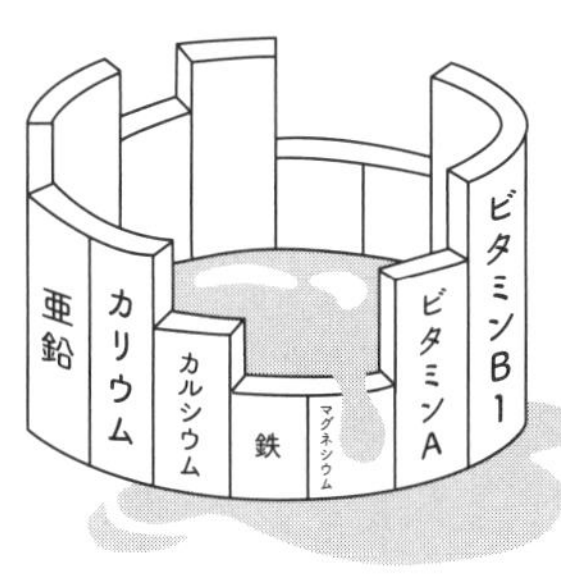

1つの板（栄養素）を高くしようとするのではなく、
すべての板をバランスよく高めていくことが大切

肪、糖質（炭水化物）、そして酸素などの状態や、関わりによって変わってくるわけです。

例えば、鉄欠乏性貧血は、鉄分の作用がうまくいかずに、赤血球の中に含まれるヘモグロビンがつくられにくくなって起こるものです。一般的には鉄剤を投与されますが、もしこの人が実際には鉄が不足しておらず、銅が不足しているために鉄がうまく働いていないとしたら、鉄過剰症になってしまうこともあるというのです。

栄養素は単体で働くのではなくチームで働くため、自己流で何か１つの栄

養素を足す、ということではなく、すべての栄養素をバランスよく摂ることが重要であるといえるでしょう。

私が出逢ってきた細胞レベルで輝いて見えた40〜90代の方々は、皆さんこの理屈にかなったことを10〜30年以上実践されていました。

あくまで私の考察ですが、**食事から必須栄養素をまんべんなく高いレベルで摂取していることで、細胞がしっかりと新陳代謝を行えているから、その方たちが光って見えた**のかなと思っています。

栄養素を摂取するために、健康食品やサプリメントを摂っている方も多いかと思いますが、その選び方にも気をつけなければなりません。

添加物まみれの安価なサプリメントや、特定の栄養素の過剰摂取により、逆に病気になるケースもあると聞きます。**まずは普段の食事を整え、自然な食べ物でバランスよく栄養摂取する**ことを実践しましょう。

最初に取り組みたい基本の食事

ここまでの内容を踏まえて実践するために、具体的かつ基本的な食事の考え方をお伝えします。

前述したように、完璧にしようとするのではなく、できるところから始めるのがポイントです。

◆ご飯と具だくさんの味噌汁を食べる

一番手軽に簡単に取り組めるのが、まずはご飯と味噌汁を食べることです。**初めの一歩として、お米を炊きましょう。**私は白米よりも栄養を豊富に摂れる**発酵玄米**が好きで、専用の炊飯器を持っており、10年以上前から食べています。

玄米に小豆と塩を加えてしばらく混ぜ、半日ほど浸水させてから炊くのですが、寝かせるほどにおいしくなることと、おなかの調子も良くなるので、召し上がったことのない方には強くお勧めしたいです。

玄米の一粒一粒は、生きたエネルギーそのものです。適当な量の光と水があれば芽を出します。玄米を精米した白米は芽を出すことはありません。精米して白米にすると、マグネシウム、カリウムなどのミネラルや、ビタミンなどの大部分が損なわれてしまいます。

例えば玄米には、食物繊維は白米の約6倍、ビタミンB1は約5倍も含まれているのです。しかし、なんといっても精米による最大の損失は、次の芽を出す生命力のパワーが失われることです。ぜひ玄米を毎日の食事に取り入れていただきたいです。

それと一緒に、**野菜たっぷりの具だくさん味噌汁**がお勧めです。

ここでぜひ試していただきたいのが、「重ね煮」調理です。重ね煮とは、砂糖もうま味調味料も使わず、食材が持っている自然のうま味を最大限に引き出すことができる調理法です。

「陰陽論」に基づいて、鍋に順番に食材を入れていきます。陰性の強い天に向かってエネルギーを発している葉物などの食材を下に、陽性の強い地に向かってエネルギーを発している根菜を上に重ねるのです。

ここに自然塩を振り、少ないお水を入れてフタをし、弱火で熱を入れます。こうすることで、鍋の中でエネルギーの対流が起こり、全体が調和して素材の味が引き出されたおいしさになるのです。

味噌汁をつくる場合は、鍋に下から順番に、海藻類、きのこ類、果菜類、葉菜類、いも類、根菜類を重ね、自然塩をひとつまみ振り、水を食材の7～8分目まで注ぎ、弱火でじっくり煮ます。

しばらくして味を見て食材の出汁（だし）が出たら、水を調整します。酵素を生きたまま摂るために、味噌は鍋の中で溶くのではなく、一人分のお椀の中で溶いていただきます。

初めて重ね煮でつくった味噌汁を食べたとき、あまりのおいしさに「これって本当に、出汁は野菜と塩だけなの!?」と驚きました。

とても簡単なので、ぜひ重ね煮調理は習得していただきたいです。順番にあまり神経質になる必要はなく、鍋の中に陰陽さまざまな野菜が入っていれば、多少順番が入れ替わっていても問題ありません。なお、塩は必ず天然のものを使ってください。

外で働いている方や忙しい方は、コンビニなどで手っ取り早く加工食品を買うことが多くなりがちですが、それらをやめて、自分で握った梅干しやこんぶのおにぎりと、野菜たっぷりの味噌汁をスープジャーに入れて持ち歩いて食べるだけで、身体の状態はかなり変わります。

特に玄米を食べるようになると、**栄養が以前より満たされ、余計なものを食べなくてもよくなる**ことがあります。

不自然なものばかり食べていると身体はどんどん疲れていきますが、自然なものに切り替えるだけで、身体が軽くなり喜んでいることを感じられるようになるでしょう。

◆「まごわやさしいこ」を意識して食材を選ぶ

腸内環境にとっても、栄養素の観点からも、幅広い食材を選ぶことはとてもいいことです。

その1つの目安として、以下の「まごわやさしいこ」を参考にするとバランスよく選びやすいので覚えておきましょう。腸内環境にもいい海藻類（「わ」）や、発酵食品（「こ」）についても盛り込まれています。

「食材をもう少し増やしたいな」と思ったときの参考にしてみてください。

ま　豆類
ご　ごま、ナッツ類
わ　わかめなどの海藻類
や　野菜
さ　魚、魚介類
し　椎茸などのきのこ類
い　芋類
こ　麹などの発酵食品／米類

野菜については、色の薄い淡色野菜と、色の濃い緑黄色野菜を食べます。食べる部位として、葉（キャベツやほうれん草など）、実（トマトやナスなど）、根（ゴボウやニンジンなど）と、異なる部位を組み合わせるのもポイントです。

◆さまざまな色の食材を選ぶ

近年、第七栄養素と呼ばれているものとして、フィトケミカルがあります。フィト（Phyto）は植物、ケミカル（Chemical）は化学物質のことです。植物の色素や香り、苦味や渋み、辛味などにあたります。

植物は生物と違い、自分では動くことができないため、外敵や病気から自らの命を守るためにフィトケミカルを生産しています。

ナスの紫はアントシアニン、トマトの赤はリコピン、ニンジンのオレンジ色はカロテンというように、野菜の色素はフィトケミカルです。ごく微量の成分ですが、それぞれに強い抗酸化作用があることで注目されています。

野菜に含まれる色素は大きく7色に分類でき、赤、オレンジ、黄、緑、紫、黒、白と、色とりどりです。それぞれの色素によって機能性も少しずつ異なるため、さまざまな色の食材を食べることが望ましいでしょう。

和食の世界では、青黄赤白黒（しょうおうしゃくびゃっこく）の5色が、盛りつけにおける配色の基本色であるといわれるそうです。料理の第一印象である見た目から「きれい」「おいしそう」と感じられると、ますます食事が楽しくなります。

◆旬の食材を摂る

食べ物の栄養分が凝縮されて、生命力が最も旺盛になる時期のことを「旬」といいます。最もおいしく食べられる時期であると共に、よく収穫される時期でもあり、それだけ安く手に入るということでもあります。

トマトなどは店頭に1年中並んでいますが、出回り時期とそれ以外の時期で、栄養成分にどの程度の差があるのでしょうか。

女子栄養大学による実験では、東京とその近郊の5店舗において毎月店頭でよく売れている品種、そしてより新鮮なトマトを1年間分析したそうです。その結果の一部として、ビタミンの一種であるカロテンを100gあたりで比較したところ、出回り期の7月では528μgあるのに対して、11月には241μg（1年間を通しての平均値は364μg）と、出回り期の半分以下の数値となっていたそうです。

四季を楽しみながら旬の食材を摂ることで、効率的に栄養摂取ができます。旬の食材は、栄養面からも、経済面からも理にかなっているということです。

◆よく噛んで味わって食べる

私が過食症だった時期は、呼吸が浅い状態のまま、噛む回数も少なく、大して味わいもせずに、食べ物を胃の中に放り込んでいました。これでは身体にも負担がかかります。

噛むという行為は、口で行う「最後の調理」です。最低30回、目標100回噛めると、唾液が多く分泌されることで胃腸に負担をかけず、消化吸収しやすくなります。さらにセロトニンの分泌も促し、ダイエットや小顔の効果も期待でき、良いことずくめです。

また、仕事をしながら食べる、テレビを見ながら食べる、などの「ながら食べ」はせずに、深呼吸をして、目の前の食事を味わうことも大切です。

食事をするときは、食事に集中しましょう。今目の前のものをしっかり感じる、という意識によって幸福感も高まります。

◆とにかく食事を楽しむ

どんなに健康にいい食べ物を口にしたとしても、嫌いな人とイライラしながら食べては台無しになってしまいます。その気分によって、身体の消化吸収の機能も低下します。

そうした食事をするくらいなら、好きな人と楽しみながら食べるジャンクフードのほうが健康にいい、という食の専門家もいるほどです。食べるものだけでなく、食べているときの気分も大切だということです。

お気に入りの食器やテーブルクロスを使ったりしながら、自分にとって心地がよい食環境をつくることもお勧めです。

心が安定しない原因は不自然な食べ物にあり

心と身体のバランスを崩し、自ら命を絶つというケースがあります。私も過去に、そうして後輩が亡くなっています。また最近、大学生と話をしていたら、彼女の大学の知り合いも2人、自ら命を絶ったと言っていました。

コロナ禍の私たちは、マスクをすることが当たり前でした。マスクをしていると当然、相手の表情がわからなくなってしまいます。

彼女によれば、大学に行ってもソーシャルディスタンスを設けなければならないということで、隣の人と空間ができてしまうので気軽に話もできず、友だちのつくりかたがわからないと嘆く学生もいたそうです。

若くて健康であるべきはずの人たちが未来に希望を失い、自ら命を絶っていくなんて、そんな世の中おかしいと思いませんか。

自殺をする人は、それまでにたいてい鬱病になっており、そうした心の病も腸内環境の乱れが関係していることが少なくないといいます。腸が乱れると心が不安定になり、ストレスに耐えきれなくなり鬱病になるということです。腸の乱れの根本は食生活です。

１９３０年代、アメリカのフランシス・ポッテンジャー博士は、９００匹の猫を2組に分けて飼い、追跡する実験を行いました。一方には、健全なエサを10年間与え、もう一方には不健全なエサを10年間与え続ける、というものです。

結果、健全なエサを与えて育てた猫は、2代目、3代目も健康でしたが、不健全なエサを与えられた猫は、2代目から体調不良や、病気の多い猫が生まれ始め、さらに3代目になると着地がうまくできない不器用さが目立ち、皮膚疾患やアレルギーが5％から90％超に急増、ほかの猫や人に噛みつくなど、精神的にも異常な行動を起こす猫が増えたそうです。

この実験は3代目で終了しました。なぜなら、不健全なエサを与えられた3代目から、実験できるだけの数の4代目の子どもが生まれなかったからです。

私はこの話を初めて耳にしたとき、現代の私たちもまさに似た道をたどっているのではと感じ、恐ろしくなりました。

学生時代に、食によって心がどんどん蝕（むしば）まれていた私は、いつも不安感やイライラに襲われていました。そのときの私は、チョコレートやクッキーなど、甘いお菓子ばかり食べていました。

腸が乱れていたことも原因の1つだと思います。そして、成分表で一目瞭然ですが、それらの主な原材料は白砂糖です。

砂糖を過剰摂取すると、血糖値が急激に上がります。それと同様に気分も上がり下がりが激しくなるので、砂糖を多く摂ると、キレやすく、ちょっとしたことですぐイライラしがちになります。

さらに、カルシウムやビタミンBが奪われてしまい、疲れやすくなる、記憶力が悪くなる、不眠など、さまざまなトラブルを引き起こすといわれています。

また、脳の快楽中枢が刺激され、エンドルフィンという物質が分泌されます。別名脳内麻薬、その名の通り依存性があるのです。当時の私は、まさにそれらの症状に悩まされていました。

ストレスを感じると、身体の中の栄養素が奪われ、またさらにイライラするという悪循環に陥るのです。白砂糖だけではなく、不自然な食べ物を摂ることによって、その代謝に必要以上の栄養素が奪われ、同じ状態が起こっていきます。

過去の私が、甘いお菓子のおかげでストレスから一時的に解放されていたのは事実で、絶対悪とは思っていません。今でもときどき、プレゼントとしていただいたり、ストレスから欲するときに口にしたりすることはあります。

しかし、もしメンタルが安定しない日が続くのであれば、日常的に食べているものが原因となっている可能性が大いにある、ということです。

戦後、日本の食は大きく変わっていきました。その結果が現代人の心身の健康状態ではないでしょうか。

今や二人に一人ががんになるといわれており、これが今の日本の現実です。

できることからでいいので、自分のためにも、次の世代のためにも、食べるものを選ぶことが大切でしょう。

生命エネルギーの高い食材とは？

「食事療法」で知られる故・森下敬一博士の「気能値」という考え方をご存じでしょうか。気能値とは平たく言うと「生命力」（波動値）のことです。

森下博士はこのように提唱しています。

「理想的な波動のものを食べれば、その波動に共鳴・共振して、食べた人の生命エネルギーも高まる。反対に波動の低いものを食べれば、それに影響されて、食べた人の生命エネルギーが下がったり乱れたりする」

ではいったい、どんな食べ物の波動が高いのかというと、森下博士が測定した表は次の通りです。

表を見ていただくとわかるように、「気能値」が高い食材としては玄米、自然塩、黒糖、海藻などが挙げられます。なかでも注目していただきたいのは塩です。「塩は浄化力が高い」という通説と一致します。

生命エネルギーの高い食材リスト

※数字は％

肉類の気能値	
鶏肉類	35.8
豚肉類	25.5
牛肉類	24.6

塩の気能値	
ヒマラヤの塩	94.0
自然塩	94.0
死海の塩	25.5
精製塩	20.5

砂糖の気能値	
沖縄の黒糖	89.5
三温糖	29.0
グラニュー糖	24.5
アスパルテーム甘味料	22.0
白砂糖	20.0

そのほかの食材の気能値	
玄米ミソ	88.5
梅干し	88.5
漬物類	82.5
キムチ	82.5
七味唐辛子	80.0
紅茶（ダージリン）	76.5
コーヒー	40.0

気能値が高い食材として玄米、自然塩、黒糖、海藻などが挙げられる。
特に、海水をそのまま結晶にした自然塩や岩塩は「気能値」が高いとされる

米の気能値	
玄米（有機米）	95.0
五分づき米（有機米）	89.0
白米（有機米）	79.0
玄米（通常米）	72.0
五分づき米（通常米）	54.5
白米（通常米）	41.0

野菜・海藻類の気能値	
海藻類	89.4
トウモロコシ・豆類	84.8
ニンジン・ゴボウ・ショウガ	83.8
ネギ類	83.4
キノコ類	82.7
葉菜類	82.6
トマト	81.5
キュウリ・ナス	76.9
キャベツ・レタス	76.8

魚介類の気能値	
カニ類	83.8
イワシ	83.3
貝類	82.3
干物	80.3
エビ類	77.6
ニシン	75.6
魚卵	69.4
カツオ	66.2
ウナギ	60.3

出典：『ゆほびか 2017 年 11 月号』「腸を再生させる『気能値の高い食品』リスト」マキノ出版　森下敬一

海水をそのまま結晶にした自然塩や岩塩は「気能値」が高いのです。ただし精製されると、気能値は途端に低くなります。自然塩は94・0ですが、精製塩は20・5。実に4倍以上の開きがあります。

同じように「気能値」が高いミネラル豊富な黒糖や玄米も、精製や精白されると低くなります。沖縄の黒糖は89・5ですが、精製された白砂糖は20・0。玄米（通常米）は72・0ですが、白米（通常米）は41・0。

つまり**人間による加工が進むと、「気能値」が2分の1から4分の1くらいにまで減ることがある**のです。

「気能値」が高い、ほかの食材についても見てみましょう。

自らの光合成で太陽エネルギーを変換する穀類、野菜、豆類、海藻類は高く、真菌類のキノコや発酵食品も高い数値です。栽培方法は無農薬など、自然に近いものほど「気能値」が高くなる傾向が見られます。

反対に、「気能値」が低いのは動物の肉類です。肉類には排出されていない老廃物や毒素が内部に残っていて消化吸収に負担がかかるためだそうです。また、表にはありませんが、ファストフードや加工食品など工業的につくられた食品も低いとされています。

加工食品は全般に「気能値」が低いです。さらに言うと、添加物などが含まれるものはマイナスの数値のようです。

とはいえ、森下博士は「気能値」が低い食品（50以下の食品）を禁じているわけではありません。文献を見ると、「それらを食べるときは、値の高い食品も必ず食べて平均点を上げましょう」と助言されています。確かに、その考え方は現実的です。

このような理論に基づいて、森下博士は、多くの慢性病や難病の患者の方々を食事によって根治してこられました。

そのメニューを具体的に挙げると、**「穀菜食」**だそうです。つまり精製・精白の度合いが低い穀物や野菜をベースに、豆類や大豆食品、海藻、小魚類、発酵食品、自然塩などの天然の調味料などで構成された伝統的な日本の食事です。

私たちも、それを学んで取り入れることは可能なはずです。

また、自然のままの果物と、種なしに品種改良された果物では、栄養の面から見ると同等かもしれませんが、生命力の面から見ると、後者は生命力が削ぎ落とされていると考えられるのではないでしょうか。

前述したように、私たちの身体はエネルギー体です。食べ物の栄養素だけでなく、「気」を取り込むという考え方が私は重要だと思っています。

腸を整え、必須栄養素を摂って細胞を新陳代謝させながら、自然の食べ物の「気」を取り入れることで、心身美しく高いエネルギー状態の自分づくりができるということです。

これが、**地に足のついたエネルギーの高め方**であり、この実践を続けることで、運気が良くなった仲間がたくさんいます。ぜひ継続していただきたいです。

楽に生きるために手放したい４つの考え方

ここからは、心身健康であるために、**手放すと今すぐ楽になれる４つの考え方**について紹介したいと思います。食べるものを変えるだけでなく、考え方を変えることをしなければ、真の健康は手に入りません。

無意識に陥りがちな思考の癖なので、確認してみてください。

①完璧主義

食について調べるほど、身体に害のあるものの情報が世の中にたくさんあることに気がつきます。健康になろうと思って調べているのに、逆に不健康な思考に陥ってしまうことがあるのです。

自分で言うのもなんですが、私は健康オタクです。健康をテーマとした本章についても、１００ページ以上泣く泣くカットしたくらいです。

私は昔から生真面目なところがあり、やるからにはとことんやろうとする傾向があります。健康について忠実に実践していたときには、とても苦しみました。外に出ると、食べられるもの、買えるものが一切ないのです。

スーパーにある食品のほとんどに、添加物などが使われています。裏の表示ラベルを見たり、農薬や遺伝子組み換えなど、目の前にある食べ物ができた背景を想像したりしていると、すべてが身体に悪く思えて、何も買えなくなりました。

しかし例えば、添加物は完全なる悪なのでしょうか？　その頃の私は、完璧に排除したい気持ちになっていました。ですが、添加物は食品を安全に届けるために使われている面もあるので、もし使わなければ有害な菌が繁殖したりして、余計に身体に害を及ぼすことがあります。

気づけば「あれがダメ」「これがダメ」と、不機嫌そうにあらゆるものにバツをつけている自分がいました。

あるとき、幸せに生きる女性に笑顔でこう言われました。

「Ｈｏｎａｍｉちゃんは、99％の良いものと1％の悪いもの、どちらに目を向けているの？」と。そのとき、**善悪で判断し、悪にばかりフォーカスする思考こそが、不幸せ**なのだと気づきました。

もちろん、身体に害があると考えられているものは、できるだけ避けたほうがいいでしょう。しかし、完全に排除しようとすると、自分で自分の首を締めることになるのです。

それよりも、身体に悪いものを摂取したとしても、それを体外に排出できる身体をつくることにフォーカスしてください。それについては前述した、腸を整えることや、必須栄養素を摂って細胞の新陳代謝を促すことなどで、ある程度可能になります。

②べき・ねば思考

「〜べき」「〜ねばならない」という考え方は、自分を苦しめることがあります。「正しくあろう」という思いが強まると、「こうあるべき」や「こうしなければならない」という言葉を無意識に使いがちです。

例えば、「朝早く起きるべき」という考え方は、一見素晴らしいようですが、もし朝早く起きられなかった場合に、「朝早く起きられない自分はダメな人間だ」と、自分を責めたくなることがあるでしょう。

さらにもっと厄介なのは、「朝早く起きない人はダメな人だ」と、自分だけでなく他人も攻撃したくなってしまうことです。「自分が正しい」という思いがあるほど、その正しさに反する人が目の前に現れるとイライラするわけです。

実際には、「正しさ」というのは、人それぞれの「潜在意識に刻まれた思い込み」によって決まり、人によって異なります。育った環境、信じた情報によって「正しさ」が変わるわけです。

そのため、この世に「絶対的な正しさ」というものは厳密に言うと存在しません。「努力しなさい」とずっと言われる環境で育った人は「努力すべき」だと無意識に思い込んでいるので、努力していない人を見ると不愉快な気持ちになったりします。「これが正しい」「〜べき」「〜ねばならない」という思い込みが強くあればあるほど、イライラすることが増えます。

心にわだかまりを感じたときには、**「自分は今、何を正しいと思い込んでいるのか？」を確認すると、「べき・ねば思考」を手放すことができて楽になる**でしょう。

③他者との比較による自己卑下

「あの人には良いパートナーがいて羨ましい」「あの人はお金持ちでいいな」「なんで私はうまくいかないんだろう」と、他人と自分を比較して自己卑下してしまうことはありませんか？

そのパターンに陥っているときは、**他人に「ある」ものを見て、自分に「ない」ものにフォーカスし、不足を感じている**ときです。

人間の脳は、満たされているものよりも、不足しているものを見つけるほうが簡単です。この不足をバネにして「よし、ここを満たそう」と前向きな気持ちで行動できればいいのですが、自分を卑下してしまう人も少なくないようです。

知っておいていただきたいのは、**「あの人いいなぁ」という羨ましい気持ちがあるということは、あなたもそうなれる資質がある**ということです。あなたも同じ要素を持っているからこそ、その人に憧れているのです。

あなたはパイロットに憧れたことはありますか？　憧れたことがある人は、パイロットになれる資質があるということです。

しかし、「あの人いいなぁ」の後に「私はダメだ」とつぶやいてしまっては、本当にそうなってしまいます。

「私はダメ」という思考が、「私はダメ」な現実をつくります。そのため、**「あの人いいなぁ」の次には「私もああなるんだな」とつぶやいてみてください。**本当にそうなのですから。こう言うと、少しワクワクしてきませんか？

他人と比較するのではなく、今の自分にあるものにフォーカスすると、満たされた気分になり、幸せを味わえます。

「ない」ものに意識を向けると、人は簡単に不幸になれるということです。

他人にはないけれど、あなたが持つ強みや特技は必ず「ある」のです。自分では気づいていない可能性も高いので、ぜひ身近な人にあなたの強みや特技を聞いてみてください。

特別なものでなくても、今この本を手に取れているお金や機会があること、今住んでいる家があることなど、些細な「ある」にも意識を向ける癖をつけることが、幸せに生きるうえで大切なのです。

④変えられないことへのフォーカス

もう過ぎてしまった過去を嘆くことも、他人に対して「なんでこうなんだろう」と思い悩むことも、時間の無駄です。**過去と他人は変えられません。変えられないことにフォーカスすればするほど、あなたは不自由になり、ストレスも溜まっていきます。**

変えられるのは自分（の捉え方や行動）と未来のみであり、そこに焦点を当てることで、あなたの可能性は開いていきます。

日常生活の延長で身体を動かす

心身の健康をつくるうえで、生活習慣を整えていくことが大切だとお伝えしてきましたが、食習慣の改善のほかに、運動習慣も欠かせません。

ただ、運動と聞くと、スポーツウェアを着てランニングシューズを履いて……というように心理的ハードルが高く、なかなか取り組めない人も多いでしょう。運動があまり得意ではない、帰宅部出身の私も同じ思いです。

運動習慣がない方は、日常生活の延長でできることから始めましょう。

例えば、移動手段を自転車から徒歩にするとか、通勤時に歩く距離を1駅分増やしてみるとか、そういった簡単なことでいいのです。

歩く時間が1日10分増えるだけでも、厳密に言うと運動効果は異なるかもしれませんが、1ヶ月にすればトータル5時間分の運動になり、週1回1時間ウォーキングする人と同じくらいの運動量になります。

私は姿勢改善を目的に、専門の整骨院に通ったことがありました。そこで先生に言われたのは、週に2回の調整の時間よりも、日常生活の中の姿勢が重要だということです。また別のジムでは、インストラクターに、週に2回のトレーニングの時間よりも、日常生活での習慣が大事だと伝えられました。

調整やトレーニングも大切な時間ではあります。しかし、週1～2時間のジムや整骨院の時間よりも、１００時間以上の日常生活のほうが身体に大きな影響を及ぼしそうです。

今あなたは、どんな姿勢で本を読んでいますか？

椅子に座っているとしたら、膝同士はピッタリくっついて、両方の足の裏は地面についているでしょうか？

両足を地面につけ、両膝は90度の角度でピッタリつけ、骨盤から頭のてっぺんが一本の線でつながれて天井の方向に引っ張られている意識をして座るだけでも、おなかに力が入ってちょっとした運動になります。これを習慣にするだけで、ぽっこりおなかや姿勢が改善する人もいます。

また、40代以降の女性の10％以上は骨盤底筋が脆弱化しており、尿失禁や骨盤臓器脱（性器脱）を経験しているといわれています。特に女性にとって、足を閉じて座ることは本当に大切です。

デスクワークの方も多いと思いますが、長時間の座りっぱなしはあまりよくありません。1時間ごとにアラームをかけて、そのたびに椅子から立ち、肩回しや伸びなどのストレッチをする習慣がつくと、身体はどんどん整っていきます。

また私は、歯を磨くときに、つま先を45度のハの字に開き、両足のかかとをつけ、お尻に力を入れながら行う、かかとの上げ下げ運動をしています。骨盤底筋も鍛えられ、ヒップアップにもなります。歯を磨く時間は「ながら運動」に最適ですし、習慣化しやすいでしょう。

運動を習慣にしている人は、歳を重ねても健康的です。私の知り合いの70代のある女性は、いつもハツラツとしています。

あるとき、その方と海外旅行をご一緒する機会があったのですが、空港で歩く歩道を一切使われないのです。私が当然のように歩く歩道に乗っていたら、「Ｈｏｎａｍｉ

ちゃん、若いんだからこっちを歩きなさいよ〜」と笑われたのが印象的でした。

また、ビルの4階にその方のオフィスがあったのですが、毎回エレベーターではなく階段を使われていてびっくりしました。こうして小さな運動を毎日積み重ねられて、その方の健康体があるのです。

最もお勧めなのは、朝に日光を浴びながらラジオ体操をし、15分ほど散歩をすることです。日の光を浴びることで体内時計がリセットされますし、ラジオ体操や散歩のようなリズム運動はセロトニンを活性化するといわれており、幸福度を高めてくれます。

最近はYouTube動画を検索すると、ヨガや筋力トレーニングなど、楽しみながら身体を動かせる動画がたくさんあります。自分が楽しんでできるもので無理なく身体を動かす習慣をつくりましょう。

理想的な睡眠環境と夢を叶える快眠法

食事の改善や運動を日常で取り入れながら、ぜひ睡眠の質を高めることも意識していただきたいと思います。

寝る前に最も実践してほしいのが、「ピンクの呼吸法」です。

このメソッドが素晴らしいのは、副交感神経が優位になり、快眠効果のみならず、潜在意識を書き換えてくれる効果も期待できるという点です。

私はこの方法で「二重まぶたが1ヶ月で定着する」「勉強で学年1位になる」「別人のように明るくなる」「1ヶ月で7人に告白される」「1億円を納税する」など、理想を思い通りに叶えてきました。

そして、「現実は自分がつくっているもの」と確信するに至り、人生を好転させることができたのです。ぜひ習慣化してみてください。

詳しくは前著『大丈夫！すべて思い通り。』をお読みください。本書ではコンパクトにご紹介しておきます。

【ピンクの呼吸法】

①寝る前に、布団の中で行う。まず口から細くゆっくり10秒かけて息を吐き、息と共にネガティブなものや汚れたもの、余計な思考などがすべて出ていき、身体の中が空っぽになるイメージをする。

②鼻から5秒吸うときに、ピンク色のきれいな空気を吸い、身体の中に充満して細胞がきれいになっていくイメージをする。

③①と②をしばらく繰り返し、きれいなものだけが出たり入ったりするようになるまで行う。

睡眠の質を、食事と絡めて掘り下げてみましょう。睡眠の質に関わるホルモンであるメラトニンの原料となるのが、タンパク質です。

そのため私は、寝る1時間前に大豆プロテイン（タンパク質）を飲んでいます。

これを習慣化してから、睡眠の質が向上しました。実際、翌朝の肌ツヤも良くなるのを実感します。この就寝直前の「タンパク質習慣」は、睡眠コンサルタントの方の勧めで始めました。

この「ピンクの呼吸法」を実践するまでの私は、睡眠の質が低くて悩んでいました。神経を張り詰めて過ごしてきたせいか、夜になっても頭が冴えてしまい、浅くしか眠れず、起床後も寝た気がしないことが多かったのですが、「ピンクの呼吸法」と「タンパク質習慣」のおかげで、スムーズに入眠できるようになり、生まれ変わったように体調が良くなりました。

そして、寝る前に絶対にしてはいけないことは、スマホやパソコンでネットニュースを見ることです。

朝起きてすぐと寝る前、これが潜在意識の書き換わりやすい時間帯です。しかも潜在意識は、自分と他人が区別できません。寝る前にニュースで悲惨な出来事を見てしまっては、それが潜在意識に刻まれてしまいます。

さらにスマホ、パソコンなどから発せられる光は脳を覚醒させ、睡眠の質が落ちてしまいます。寝る2時間くらい前からは見ないほうがいいでしょう。

照明も大事なポイントです。私は睡眠時には照明をすべて消し、遮光カーテンで光を完全遮断しています。

常夜灯（豆電球）をつけて少し明るくして寝る人もいると思いますが、睡眠の質を最大限に上げるなら、室内を真っ暗にするほうが睡眠の質は高まるようです。また私は、照明つきの目覚まし時計を使い、「朝日が昇ると共に照明が明るくなる」設定にしています。

布団はできるだけ毎日干して、パジャマも毎日替えています。ちょっとした工夫の積み重ねで、毎日気持ちよく眠りにつくことができます。

「今」と「感謝」で真の幸せ者になれる

ここで、**あなたが真の幸せを感じるようになるために一番大切なこと**をお伝えします（**この本の中で、しれっと最重要な部分かもしれません**）。

それは、第1章でご紹介したワーク③（52ページ）で明確にした、あなたの【理想の未来】について、**【理想の未来】がまだない今のあなたの状態で幸せを感じなければ、【理想の未来】が手に入ったとしても、あなたは一生不幸を感じて生きていくことになる**ということです。

「え、どういう意味？　それなら、あのワークは何のためにやったの!?」と混乱しているあなたが目に浮かびます（笑）。混乱させてしまってすみません。

確かにあのワーク③では、あなたが理想とする状態を明確にし、それらを手に入れ、さらに幸せになるために取り組んでいただきました。

しかし、**真の幸せ者になるために、あなたは「幸せ」を「今」感じる必要があるの**です。

「なんでもない今が一番幸せだ」と思えるかどうかが鍵となります。

お水を飲んだとき、深呼吸をしたとき、空を見上げたとき、道端の花に触れたとき、お風呂に入ったとき……。日常の中の小さな幸せを数えることができると、「ただ、今、生きている」ことに幸せを感じられます。

この感覚をつかむことが、真の幸せを味わうためにも、【理想の未来】を引き寄せるためにも、最も重要なことなのです。

「今」に意識を向けることで、自然と幸福感が生まれます。

だまされたと思って、**五感をフル活用して「今」を観察し、「今」に集中してみてください。**きれいな景色だなぁ、おいしいなぁ、気持ちがいいなぁと、今すぐに感じることができるでしょう。

幸せは、考えることではなく、感じるものです。

考えることは脳ですることですが、感じることは五感ですることです。だからこ

そ、五感を使うことに意識を向けてみてください。

さらに、五感で認知するものの「奥行き」にも意識を向けてみましょう。

例えば、目の前にある食事に対して、

「この食材ができるまでに、農家さん、土、水、太陽、微生物など、たくさんの人やものの働きがあったんだな」

「この食材１つ１つは、違う畑から育ってきたんだな」

「これが店に並ぶまでにも、育ててくれた人、仕入れてくれた人、運んでくれた人、店に並べてくれた人がいたんだな」

「そもそもこの料理をつくってくれた、この人に感謝だな」

「食材だけじゃなく、１つ１つの調味料をつくってくれた人もいるんだよな」

と、あくまでも想像の世界ではありますが、**目の前のものが目の前に来るまでのストーリーを想像するだけで、「感謝」が生まれませんか？**

この『**今を幸せだと感じる**』ことと『**目の前のことに感謝をする**』ことが、あなた

を最高に幸せな状態にしてくれて、最小限の力で最大限の力を発揮しながら軽やかに最短距離で【理想の未来】を叶える、2つの最重要ポイントです。

この2つが欠けた状態で【理想の未来】が手に入ったとしても、心からの幸せを感じることは難しいでしょう。

実は不幸せそうな大成功者は、この『今を幸せだと感じる』ことと『目の前のことに感謝をする』ことが欠けているのです。

心が幸せな状態でなければ、いくら望んだ状況が整っても、まったく意味がありません。

ぜひこのページは角を追って、何度も読み返していただきたいところです。

幸せの本質の核は『今を幸せだと感じる』ことと、『目の前のことに感謝をする』ことです。大事なので3回言いました（笑）。

何歳からでも遅くない！1日でも早く実践しよう

健康や食の勉強を始めてから、私の周りには70～90代のご婦人が多くなりました。40代や50代、あるいは70代（！）のときに大きな病気を患い、「もうダメかも」というところまで覚悟をしたものの、そこから本格的に勉強と実践を始めて、健康でピカピカになれた……という方のお話もしょっちゅう耳にします。

病気を改善されて元気になったある方は、90歳でパスポートを10年更新したそうです。もし、あなたが90歳になったら、同じように10年更新するでしょうか？「いや、もうこんな歳だし海外はいいよ」と思ったり、「足腰が悪くて旅行はしんどい」と言ったりしているでしょうか？　10年更新できるということは、身体だけでなく、心も健康だからでしょう。

歳を重ねても輝いている方たちのマインド面の特徴として挙げられるのが、「何歳になっても夢を持っている」ということです。

ある女性は70代で３００個の夢があると言われていました。その方のお話を伺うと、これまでも３００個の夢を掲げ、叶えてきたというのです。さらに３００個の夢を掲げているとのことで楽しそうに語ってくださる姿に驚きました。

理想の未来を描くことも、心の健康につながるのです。これも、身体の健康があってこそだと思います。

前述したように、健康的な食事や生活習慣を始めても、すぐに効果を実感することはありません。

継続をしていくことで、「あれ、以前はひどかったアレルギーの症状がない」など と、後から気づくことがほとんどです。ときには何年も経ってから変化に気づくこともあります。

私自身を振り返ると、若い頃はいつも体調が悪く、すぐに頭が痛くなったり、便秘と下痢を繰り返したりしていました。体力がないため、出張に行って帰ってくると、次の日は家で１日中倒れていたものでした。

ところが、腸を整えたり、栄養素をきちんと摂るように心がけたり、軽い運動をしたり、睡眠を整えたりしていると、徐々に変化を感じるようになりました。

3～4ヶ月経ってから、おなかの調子がいいことに気づき、1年ぐらい経ってから、頭痛がないことに気づくようになり、今ではいつも元気で出張も苦痛ではなくなりました。

特に、食事を整え続けて3年経ったとき、直径5～6㎝ほどの血の塊がなんと2つも膣から出てきてびっくりしたことがありました。

それから数ヶ月経って病院の検査に行くと、もともと卵巣にあったチョコレート嚢腫がなくなっていました。実際にその嚢腫が出てきたのかはわかりませんが、年月をかけることで身体は生まれ変わっていくのだなと実感しました。

今は生活習慣を整えて10年以上が経ち、身体のほとんどの細胞が入れ替わった頃かと思います。


身体の改善では、最も改善したいところに一番時間がかかったりします。

「ここが改善されないな」と意識すればするほど、まだ改善していない現実にフォーカスしがちです。それによって改善が遅くなることも多いものです。

だからこそ、そうした思いをいったん手放して、自分に今できることをコツコツと、理想の未来をイメージしながら、1年、2年、3年と実践を継続していくことが大切です。

焦らず一歩一歩、一生涯続く心身の健康を、共に積み上げていきましょう。

第3章

心でつながる 人間関係

深い幸福感を与えてくれる人とのつながり

前章では、健康を手に入れる方法について見てきました。

幸せの一番の土台である心身の健康を整えながら、次にこの章で取り組んでいただきたいのが、人間関係の見直しや改善です。

「まさに、人間関係の悩みの渦中にいる」という方もいらっしゃるかもしれません。物心がついたとき、幼稚園や小学校など集団生活に入った途端、人間関係にまつわる問題はついて回るといっても過言ではないでしょう。

そもそも家族関係、親子関係という意味でいえば、私たちは生まれた瞬間から親と関係を構築していくわけですから、「生きること」は人間関係なしでは成立しないとも表現できます。

人間関係なしに心豊かに生きていく、なんてほとんど不可能です。

しかし見方を変えれば、私たちを物心共に豊かにさせてくれたり、成長させてくれたりするのも、また人間関係です。

生きた情報は、必ずと言っていいほど「人」からもたらされます。

また、**仕事や豊かさなどを運んできてくれるのも、「人」です。**

人間関係を円滑にしたり深めたり広めたりすることで、人生が好転し始めるのも、また事実です。


前述したように、私は中学2年生のときに、すでに人間不信に陥っていました。

父に対する母の裏切りを見て絶望し、女の子がグループをつくって悪口を言い合う姿に嫌気がさしました。

「人は嘘をつくから信じられない」「信じたとしてもどうせ裏切られてしまう」、そんなことを、頭で考えていたというよりは、潜在的に信じ込んでいました。

そんな私でしたが、大学3年生の就職活動をする時期にキャリア支援のスクールに入ったことで、**「人と本音で語り合うこと」**を初めて経験し、心でつながる人間関係があるということを知りました。

その後、業界で有名な飲食店でお仕事をさせてもらったときに、自分はそれまで

「目の前の人の心に意識を向ける」という行為を、いかにしてこなかったかということを痛感させられました。

そこからは自然と、目の前の人に対し**「この人は何を大事にして生きているんだろう」「この人が人生で求めているものは何だろう」と興味を持ってコミュニケーションを取る**ようになりました。

そうするうちに、「ほかの人には言えないけど、Ｈｏｎａｍｉだったら言える」と、**本音でつながり合える人が増えてきた**のです。

振り返ってみると学生時代の私は、皆でカラオケやドライブ、飲み会をして遊ぶことに対し、「そんなことをして何になるの？」と冷め切っていました。

同窓会に行っても、昔の友人と会って「あのとき、こうだったよね」と過去の話を語ったところでまったく面白くなく、時間の無駄だと思っていました。

私が求めていたのは、**どんな人生にしたいのか、何を大切にしているのかを語り合い、お互いの夢を応援できるような濃い人間関係**でした。

「価値観を共有しながら応援し合える人とつながりたい」と心の底から願っていたの

です。

人に嘘をついたり、悪口を言ったり、裏切ったり、不平不満を言ったりという人間の嫌な部分、マイナスな部分で共鳴するのではなく、夢や希望、大切にしている価値観など、プラスの部分で通じ合うような、「人が心でつながる場をつくりたい」ということが、21歳のとき、就職活動の自己分析でわかったのでした。

「これが自分なんだな」「自分はこういう生き方がしたいんだな」という、自分が大切にしている価値観が腑に落ちると、目の前の人の価値観も見えてくるようになります。

自分の深い部分と対話ができ、受け入れられるようになると、ほかの人との深い部分とも会話ができるようになるのです。

これが、私の言う**「心でつながる」状態**です。

「ああ、この人はこんなことを思っていたんだな」と、相手の本音に触れた瞬間に、心の奥がじんわり温かくなるのがわかります。

深い会話ができるようになると、目の前の人の表情もどんどん穏やかになっていきます。自分の好きなものや大切なもの、夢について語っているときは、誰もが心地よいものです。会話も弾むし、こちらも聴いていて楽しくなります。

この心地よいエネルギーの循環によって、あなたの幸福感がより増していくことを感じられるでしょう。

『実はすでに幸せで愛されている』

前章でご紹介した心身の健康を手にするための内容を、できることから実践していくと、**「一人でも幸せ」な状態を感じられる**ようになります。

健全な人間関係を築くうえで、この状態をつくることはとても大切です。

あなた以外の誰か、例えばパートナーや家族、友人たちが「あなたを幸せにしてくれる」のではありません。

「君を幸せにしたい！」という言葉はプロポーズでの定番の台詞かもしれませんし、「私を幸せにしてください！」という言葉も聞くことがありますが、これは少し危険な言葉だと思っています。

本質的には、**あなたを幸せにできるのは、あなたしかいない**のです。

あなたが「私は幸せだ」という捉え方をできていなければ、いくらパートナーがあ

なたを幸せにしたいと思ってくれていたとしても、幸せになることはありません。

自分以外の外側に幸せを委ねていては、一向に幸せになれることはないのです。

「自分には今パートナーがいない。だから不幸だ」という人もいますが、パートナーがいないという現実と、不幸だということはイコールではありません。もしそう思っているとしたら、**「今が不幸」なので、いつまで経っても不幸な現実が継続されてしまいます。**

だからこそ、「自分には今パートナーがいない。だけど幸せだ」という思考に切り替える必要があります。

3回も同じことを言って念押しした**「『今』と『感謝』で真の幸せ者になれる」の項（138ページ）でお伝えした内容を、しっかりと実践してみてください。**

すぐに幸せな状態になれなくても、本書の内容の気になる部分を少しずつ実践していれば、必ずそのような状態になれるので、ぜひ継続して取り組んでいただきたいと思います。

また、特に対人関係で大切なのは、**「私は無条件に愛されている」という確信を潜在意識に刻む**ことです。これがあると、**ありのままの自分を受け入れられるようになり、人からも受け入れられ、愛されるようになります。**

「私は無条件に愛されている」という言葉を口に出して言ったときに、どんな気持ちになりますか？

温かい気持ちになる人もいれば、ゾワゾワした違和感を抱く人もいるかもしれません。

もしあまり心地がよくなかったり、反発する心の声が聞こえてきたりする場合は、暇さえあれば、口に出して何度も何度もつぶやいてほしいのです。

そして違和感が取り除かれ、「うん、私は無条件に愛されている！」と腑に落ちるまで継続してください。

同じ言葉を繰り返し自ら声に出し、耳で聞いていると、潜在意識が書き換わり、現実が面白いくらいに変わっていきます。

3週間継続した人にだけ変化がわかる、嘘のような本当の話です。

今すぐスケジュール帳に「私は無条件に愛されている」と書いて、今日から毎日やってみてください。3週間後の日付もチェックしてみてくださいね。

ここで、「私は愛されていない」という自分の潜在意識に気づいた話を紹介させてください。

私は、中学時代に母親や友人が信じられなくなったときに潜在意識に出逢い、成績や見た目などを大きく変え、人から注目されるようになりました（詳しくは前著『大丈夫！すべて思い通り。』をご覧ください）。

このとき、「人には無限の可能性がある」という思いが刻まれたと同時に、「努力して成果を出し続けなければならない」と無意識で思うようになりました。それから目の前の勉学に一生懸命励むようになりました。

その後、大学時代に、キャリア指導の先生に「Ｈｏｎａｍｉは生き急いでいるみたいだ」と言われたときに、心が大きく反応したのです。

確かに、私の心はいつも落ち着かない。

いつもいつも「頑張らなければいけない」と感じる。

頑張って成果を出しても、もっと成果を出さなければならないと思う（まさに前述した「べき・ねば思考」）。

何かを達成しても、すぐに次の高い目標を設定し、がむしゃらに達成に向けて走り続ける。

達成したら、また次の目標を設定する。

その繰り返し……。

いつも心は休まらず、不幸せな気分で過ごしていたのです。

大人になった今も、この切羽詰まったような「成果を出さなければならない」という思いに囚われていました。

この気持ちはどこから来るのだろうと、過去の自分の体験を振り返ったときに、はっと気がつきました。

「中学時代、親や友人など誰も信じられずに、とても孤独で、誰からも愛されていないと思った」

「そんな自分には生きる意味も価値もないから、消えてしまいたいと思った」
「そのときに潜在意識の存在を知り、潜在意識の力を活用して成果を出した結果、親や人から注目された」
「目標に向かって努力している間は、生きる意味が生じるし、注目されている瞬間は孤独ではなかった……」

生きる意味、愛されている実感を見出すために、自分に鞭を打ちながら成果を出そうと努力していたのかもしれない、そんなことに気づいたのです。

大人になった今もときどき、そのようなパターンに陥っているのだと、改めて気づきました。

このときの私の行動パターンのもとにある潜在意識は、「私は成果を出さなければ愛されない」「努力していない私は、生きている意味がない」です。

まさか「生きている意味がない」なんて言葉が出てくるなんて想像もしていなかったのでびっくりしたのですが、この言葉を声に出すと、胸がキュッと苦しくなったのです。中学時代に「生きている意味なんてない」とよく心の中でつぶやいていたのを思い出しました。

愛されるために、生きる意味を見出すために、何かを達成しなければならないと、潜在意識の深いところで思いながら生きていたのです。

自分を守るために努力を続けてきたことで、多くのことを達成できてきたので、この思い込みが悪いわけではありません。

ですが、こういう思い込みがあると、その思い込みを通じて目の前の現実世界を知覚し、それに合った現実が創造されていくのです。

そんな「私は愛されていない」という思い込みが潜在意識に未だに刻まれていると気づけた後に、先ほどお伝えしたように「私はそのままで愛されている」というアファメーション（肯定的な自己宣言）を暇さえあれば唱え続けました。

すると、それまでときどき感じていた、知らない人と接することへの怖さがなくなっていることに気がつき、素敵なメッセージや出逢いをいただく機会が増えていきました。

それから、自分の身体に鞭を打って、成果を出し続けなければならないという強迫観念みたいなものに襲われることもなくなりました。

意識が変わるとすぐに現実が変わるので、本当に面白いなと思います。

もし、**「私は愛されていない」という思い込みを根強く持ったままだと、その通りの現実が創造されていってしまいます。**

例えばパートナーができたとしても、大切にしてもらえなかったり、すぐに振られてしまったり、愛されないように無意識に振る舞ってしまったりするわけです。

人間関係のトラブルがこじれたりするのも、自分の思い込みが引き起こしていることがほとんどです。

自信がないと嘆いていたある20代の女性は、「私は無条件に愛されている」と毎日つぶやくことを始めました。

「最初は違和感を抱いていたのですが、5日くらい続けていたら、会う人会う人に優しくされて、皆いい人でびっくりしています」と報告してくれました。

つぶやき始めると、すぐに何らかの変化を体験できると思います。自分の認識が変わると、目の前の世界が変わるのです。

そしてその方は、なんとその１ヶ月後には「溺愛してくれる男性に出逢いました」と喜ばれていました。

他人に合わせず自分に素直になる

「自分が何をしたいのかがわからない」「好きなことがわからない」と相談されることがよくあります。

そうなる理由の1つに、周りの意見を聞きすぎているということがあるでしょう。例えば、親の意見です。自分の本音を押し殺して親の言うことに従いすぎると、自分の心の声を感じ取るのが難しくなってきます。

最後に決断するときは、**「周りがこう言うから」ではなく「自分がこうしたいから」という自分発信で決断をすることが大切**です。そうすることで**自分の人生の舵を自分で切れるようになり、他人に振り回されなくなります。**

私自身、それに早い段階で気づかせてもらいました。

中学2年生のときに潜在意識の存在を知って、中学3年生で劇的に成績が良くなった私は、H高校という地域で最も偏差値の高い公立高校を目指すことになりました。先生もそれがいいと言うし、親も期待していました。親友も頭が良かったので、H高校を一緒に目指そうということになったのです。

ただ、H高校には問題がありました。文武両道をモットーとしている高校だったので、生徒は運動部に入ることが必須で、毎年、夏には海浜教室があり、海で泳がないといけなかったのです。

前述したように帰宅部出身の私は運動が大の苦手で、泳げないので尻込みしました。さらに勉強と部活漬けの毎日で忙しすぎて、彼氏もつくれそうにありません。正直、まったく面白くなさそうな学校に感じました。

そんなわけで、私は表向きはH高校を目指しながらも、潜在的には行きたくないという思いがあったのです。

一方で、H高校のすべり止めとして受けることになっていたN高校は、私立で授業料も高いのですが、ブレザーの制服がおしゃれで、部活に入らなくてもいいし、海浜教室もありません。

さらに1学年24クラス、1000人もの生徒がいるマンモス校で、華やかな生徒も多く、出逢いもたくさんあります。

世間体や学費の安さを考えたらH高校のほうがいいのですが、私は心の底でN高校を望んでいました。でも親や先生、親友のために、表向きにはH高校を目指さなければと思い、自分なりに一生懸命勉学に励みました。

そして結果は、H高校に落ち、N高校に行くことになったのです。

親は「あんなに勉強を頑張っていたのに……」と同情して泣き、H高校に一人受かった親友は「一緒に行きたかったな」と気の毒そうにしていました。

周囲の同情とは裏腹に、私は「受からなくてごめんね」と口では言いながら、心の中では「これで嫌な部活や水泳から逃げられる」とほっとし、「おしゃれなN高校で学園生活を満喫できる!」とワクワクしそうな気持ちをバレないようにグッと抑えていました。

自分の本音を隠して、大切な人たちに嘘をついていることに罪悪感もありましたが、**私が潜在的に行きたかった高校は、H高校ではなくN高校だったので、それが見事に現実化した**ということです。

この経験から私は、**周囲の望むことや意見に合わせていたら、自分が不幸になるし、ひいては周りも不幸になる**と気がつきました。

自分が望んでいないことに向かって努力することや、自分や周りの人に嘘をついていることはストレスになります。さらに、そんな状態では私たちの潜在能力は発揮されず、成果も出づらくなってしまいます。

それ以降、**自分の心に嘘をつくのはやめようと思い、好きなことやものだけに集中すると決めた**のです。**そこから高校受験と同じような失敗をすることはなく、望む成果が出るようになりました。**

親は子どもの幸せを想って、親の価値観に沿ったさまざまなアドバイスをくれるでしょう。ときにはその価値観を押しつけてくることもあるかもしれません。「これをすべき」「これをしなければならない」という言葉も聞くかもしれません。

それに対して、「親の意見に応えることが親孝行だ」と思うかもしれませんし、それももちろん素敵なことです。

しかし、**親は潜在的には、子どもである「あなたの幸せ」を一番に想っています。あなたに「幸せでいてほしい」からこそ、「こうすべき」と伝えてくれているのです。**

ということは、**「あなたの幸せ」を想ってくれているからこそ、あなたは自分の気持ちを押し殺してまで、無理に親の意見を聞く必要はない**のです。

周囲が反対している道を選んだとしても、結果あなたが幸せになれば、皆が喜んでくれるはずです。

もし喜んでくれなかったとしたら、それは相手の問題です。あなたが気にすることではありません。

あなたの幸せにとっては、自分の本音に耳を傾け、それに従うことが最重要なのです。自分の心を喜ばせることが最も大切です。

人間関係の構築はまずは夫婦・家族から

私が行っている講座では「自分の夢を叶えたい」ときに、「まずは身近な家族関係を整えましょう。旦那様とは仲良しですか？」と伺うことがよくあります。

「旦那の目を見ることはないし、挨拶もしない、夫婦と言ってもただの同居人」と言う方も少なくありません。

もちろん、最初から旦那様と冷めきった関係だったわけではなく、当初はお互いに愛情があったといいます。

そこで私が「じゃあ、今日から旦那様に、行ってらっしゃいのハグをしてみましょう」と提案すると、「やだ〜！」と叫ばれることもしばしばです。

しかし夢を叶えるには、**旦那様とハグする**ことが大切だったりするのです。ハグに限った話ではありませんが、**一番近くにいる人に愛情表現できないような状態では、幸せに夢を叶えることは難しい**からです。

一つ屋根の下で暮らす人と挨拶もしないような空間で暮らしていたら、自分の心が冷えていきます。もし仮に一攫千金でお金が降ってきたとしても、果たしてそのままで本当に幸せになれるでしょうか。

もし、旦那様と挨拶するのが心から嫌だとしたら、そのままでい続けているのはどうしてでしょう。

本当に嫌なのであれば、その自分の本音を旦那様に伝える必要があります。一緒に住みたくないなら、住みたくないとはっきり言う必要があります。

私がそう伝えると、「私はお金がないから（家を出られない）」と言う人もいます。それは「自分の夢はお金がないから叶わない」と信じているのと同じことです。「お金がない」のと「家を出られない」のは、実は関係がありません。「家を出よう」と**覚悟を決めれば、出るための方法や行動が見えてくる**ものです。

「時間がないからできない」「○○じゃないからできない」と言い訳を探して、できないことを正当化する癖がついてしまっている人もいます。それでは、いつまで経っ

ても夢は実現しません。

そうした人には、「できると決めて、その方法を探しましょう」と私は伝えています。もし、旦那様と離婚したいのであれば、離婚するために何ができるかを考えます。「できない」と思っているときは、できないほうに目が向いていて、できない情報ばかり探すようになっています。脳がそういう仕組みになっているのです。

「できない」と思っているから、実際にそうなっているだけ。「できる」と思えば、できるようになります。

本気で「離婚したい」と思うのであれば、「離婚する」と決めるのです。そうすると、離婚に必要な情報が入ってきて、状況が整ってきます。

もちろん、私は旦那様と離婚することをお勧めしているわけではありません。夢を叶えたいのなら、身近な人との関係性を整えましょう、という話です。

まずは旦那様に「おはよう」と目を見て挨拶するところから始めてみます。

ただ、それまでにそんなことをしていなければ、だいたい気持ち悪がられます。心が折れそうになるかもしれませんが、それでも続けます。「おはよう」「いってらっしゃい」と言って玄関でハグするのです。

「なんで私は挨拶するのにしてくれないのよ！」と旦那様を責めることは絶対にしてはいけません。他人を変えようとするのではなく、とにかく自分の行動を変えることのみに集中します。

それを続けていると、奇跡が起こる人が本当に多いのです。旦那様に優しくし続けていると、不思議と旦那様も奥様に優しくしてくれるようになります。

「自分が変わると、相手も変わる」ということを確信するでしょう。

もし自分が変わったのに、相手が変わらない場合は、相手が離れていく状況になったりします。

旦那様と別れることになったとしても、奥様に叶えたい夢があるのであれば、それは「必要なことが起きた」ということです。

これは、旦那様以外の家族も同じです。親や子ども、兄弟姉妹、同じ家の中に住む人との人間関係は良好であるに越したことはありません。

まずは、**名前を呼んで目を見て挨拶する。「いってらっしゃい」と「おかえり」を**

玄関で伝える。

そして、「ながら」でコミュニケーションせずに、話をするときは、身体ごとしっかり相手の方向に向け、まずは相手の話に耳を傾ける。

毎日5分、10分でも、相手の話を聴く（夫婦の理想は1日30分！）。

そんな実践できる小さなことを、継続してみてください。

親をゆるすことで現実が大きく変わる

親に対してスッキリしない気持ちを抱いている方も、もしかしたらいるかもしれません。ここで改めて、私と母親の話を紹介させてください。

私は中学2年生の頃に、両親を信じられなくなりました。特に、母親のことがゆるせなかったのです。「なんで家族を裏切るの？」「お母さんなんて知らない」と塞ぎ込んでいました。母親の顔を見るのも嫌でした。

私が高校に進学したときに、たまたま隣の席だった友人が、似た境遇だったことがわかりました。放課後に、彼女が母親に対して溜まっていた鬱憤(うっぷん)を吐き出してくれました。

「ああ、私と本当に似た境遇だな」と感じながら、彼女の愚痴に共感していました。

そして吐き出し切った後に、彼女がポツリと「まあ、母親といっても一人の女だしね」とつぶやいたのです。

その言葉は、私にとって衝撃でした。

「そうか、お母さんも一人の女か……」。私はそれまで、母親は母親でしかないと思っていました。

だからこそ、**「母親はこうあるべきだ」「母親が家族を裏切るなんて最悪だ」と、自分が持つ理想の母親像を逸脱した母がゆるせなかった**のです。前述した、まさに**「～べき」「～ねばならない」の思考**です。

「べき・ねば思考」を手放す大切さは何度もこの本で紹介していますが、**その思考を自分の中で頑なに持ったままでは、人間関係は苦しくなる一方**だということです。

相手がどうこうではなく、苦しいのは自分です。

お母さんも、一人の女――。**母親に対する見方が変わった**瞬間でした。

「そういえば、あの時期はお父さんも仕事が忙しそうだったな」

「家に帰るのも遅いし」

「お母さんも共働きで一生懸命で必死だっただろうな」

「そりゃあストレスも溜まるよな」

ほかにも、

「お母さんはいつもお金に対してうるさかったけど、おじいちゃんとおばあちゃんもお金に苦労していたって言ってたな」

「お母さんが小さい頃、おじいちゃんが借金をつくりすぎて家が差し押さえになったって聞いたな」

「その後、おじいちゃんとおばあちゃんが別居したって言ってたな」

といろいろなことが浮かんできました。

母親の人生ストーリーを、母親の気持ちになって想像したのです。

そこから少しずつ、子どもとしての**当事者目線ではなく、「この女性も大変だったんだ」と、第三者としての見方**ができるようになっていきました。

そうして少しずつ、母に対するイライラが減っていき、会話もできるようになっていきました。

そこから大学に進学し、実家を出て初めて一人暮らしをするときに、驚くことが起こりました。

荷づくりも終わり「ようやく親から離れられる」といううれしい気持ちでいたら、母親が「本当にもう出ていくんだね」と空っぽになった私の部屋を見て、少し涙を流したのです。

これまで「あんたのことばっかりやらなきゃいけない」と忙しそうに漏らす母親の言葉ばかりが印象に残っており、「私は邪魔なんだ」と感じていたので、私が離れることを寂しいと思っているんだということに衝撃を受けました。

母の表側の言動ではなく、心の奥に少し触れた気がしました。

その後、東京の一人暮らしの部屋で、ますます母親のありがたみを感じました。料理が毎食出てくること、洗濯物がきれいになって収納されていること、家の中の必要なものがいつも揃っていること、遠い場所に行くときに送り迎えがあること……。

「ああ、これ全部お母さんがやってくれてたんだ」と、初めて気がついたのです。

一人暮らしの部屋で、これまで横柄な態度を取ってきて申し訳なかったなという気持ちと、**当たり前のようにたくさんの愛情をくれていたんだということに気づき、感謝の気持ちが込み上げてきました。**

私はずっと「母に愛されていない」と勝手に思い込んでいました。

私と父を裏切る母、放任主義で教育にも無関心な母、あまり気にかけられている感じがしなかったので、母は私のことはどうでもいいんだなと思い込んでいました。

そして20歳になったとき、「どうしてお母さんは私に勉強しろとか言わずに育ててきたの？」と伝えると、「だって、ほなみのこと信じてるから」と言われたのです。

「何を選んだとしても、ほなみは大丈夫だと思ってるから」と。

さらっと言われた言葉でしたが、母は私のことを信頼してくれていたのだと、そのときにも初めて気がつきました。

一番身近な人とはコミュニケーションが不足しがちで、「きっとこう思っているだろう」と勝手に自分のフィルターで思い込んでしまうことも多いのではないでしょうか。

自分からの見方だけでなく、親の立場からの見方を想像したり、俯瞰して自分と親との関係性を見たりするなど、相手方・第三者の見方をしていくと、相手への気持ちに変化があるかもしれません。

そして、**「べき・ねば思考」に陥っていないかを確認**してみましょう。

ありのままの相手を受け入れ、ゆるすことで、自分の心が解放されて楽になります。そこから現実が大きく動くことも少なくありません。

両親に抱いている気持ちへの良い変化があると、他の人間関係も自然と好転していきます。

特に私の場合は、親元から一度離れて暮らしたのは、大きな気づきのきっかけになりました。

もしも親から離れずに実家でずっと暮らしていたら、両親への感謝が込み上げてくることはなかったかもしれないとも思います。

自分の命の源である両親への感謝の気持ちは、あなたに最強のパワーと根拠のない自信を与えてくれるでしょう。

イライラする相手が潜在意識を磨いてくれる

人と触れていて、**イラッとしたり、モヤッとしたりすること**はありませんか。

実はそれは、**あなたの潜在意識の中にクリアにできるものがあるよ、というサイン**です。

自分の中の「正しさ」が犯されたときに、人はモヤッとします。

「正しさ」を持てば持つほど、嫌な人が増えていきます。そうして、自分の潜在能力は閉ざされていくのです。

例えば、「絶対に遅刻すべきではない」という価値観を強く持っていると、遅刻する人がいるとモヤッとするでしょう。

「遅刻すべきではない」と思うことが悪い、ということではありません。むしろ素晴らしい考えだと思います。

しかし、誰かに対してイライラしているとしたら、その本人が一番損している、ということです。

まず、イライラすることが増えるだけで、自分のエネルギーも下がります。それによって幸せな状態から遠ざかっていきます。

そして遅刻してきた人が目の前にいたら、場合によっては「遅刻するなんておかしい！」と怒りたくなるかもしれません。

ただ、もしかすると遅刻してきた人は、身内に不幸があったのかもしれませんし、事故に巻き込まれて大変だったのかもしれません。もしくは不眠症に悩んで朝起きられなくなってしまっているのかもしれません。

事情はわかりませんが、反射的に怒ってしまう自分がいるとしたら、良い人間関係を築くことが難しくなってしまいます。

イラッとしたら、「自分は今、どんな正しさを持っているから、イラッとするんだろう？」と、自分の心と向き合うことです。

私がよくイラッとする対象はまさに夫なのですが（笑）、身近な人への感情の反応を通じて、自分の潜在意識に気づくことができます。

特に私の場合は、「努力すべき」という思いを強く持って生きてきたので、目の前の仕事は徹底的に行い、ぶっちぎって成果を出す、という考えが根強くありました。

夫は同じ価値観を持っていないので、夫の行動によってその価値観を害された気持ちになり、私は勝手にイライラするわけです。

「もっと努力しなさいよ！」と怒りたくなるのですが、「いや、待てよ……。今、私はどんな正しさの剣を夫にかざそうとしているのだろうか……」と思い留まります。

落ち着いて、自分の気持ちをノートに書き出すこともあります。

すると、先ほどお伝えしたような「頑張らなければいけない」という思い込みによって、夫を攻撃したくなっている自分に気づくのです。

「ああ、頑張らなくても愛されるんだった」と思い出し、「そのままで愛される」とアファメーションをする、といった流れで、潜在意識をクリアにしていきます。

このように**自分の心に向き合い続けると、とんでもなく潜在意識が整います**。

外側の世界にイライラしたり、モヤッとしたままにしたりするのではなく、自分の潜在意識としっかり向き合いクリアにしていくと、どんどん心が軽くなり、同時に成長していけます。

自分の中で「苦手だな」と思う人がいるのであれば、その人にまっさらな気持ちで近づいてみることもお勧めです。

潜在意識が書き換わるきっかけとなり、あなたの人生の幅や可能性が広がるかもしれません。

相手の心とつながり信頼を築く5ステップ

目の前の人から信頼され、心でつながる関係性を築くための、コミュニケーションにおける大切な5ステップをお伝えします。

この関わりができるようになると、人との会話の中で幸福感を抱きやすくなります。家族・夫婦関係の改善に役立ち、友人関係を深めることにも効果的です。

また、営業の仕事をしている方にもお勧めです。ただ売上を上げるためではなく、目の前の人に心から喜んでいただき、「あなたから買いたい」と感じていただくことで売上が勝手についてくる、という本質的なステップになります。

①相手に対する思い込みを手放す

「この人はこういう人だから」と、無意識に相手に対して決めつけてしまうことはありませんか？　これは、身近な人間関係ほど起こりやすいものです。

「私の夫は○○だから」「私の親は○○だから」と、長く一緒にいたことがある人ほど知っている気になってしまいがちです。

しかし、**このような思い込みを持ったままでは、相手の話を聞く際にも自分のフィルターがかかってしまい、まっさらな相手の気持ちに耳を傾けられなくなってしまいます。**

初対面の人に対しても、「この人は怖そうだな」とか「気難しそうだな」と、見た目だけで相手を判断してしまうことも多いですが、話してみたら案外イメージと違ったということもあるでしょう。

いったん、**目の前の人への思い込みをクリアにしましょう。**

②相手は自分の大好きな人だと思う

「この人は私の大好きな人だ」という想いの設定をします。実際に大好きな人なのであれば、改めて認識します。

すると、相手のことが知りたくて仕方がなくなるはずですし、相手にとって嫌なことはしないでいようという気持ちになります。

この「相手に対しての愛する気持ち」は、目には見えませんが、相手の無意識層に必ず届いて良い影響を及ぼしていきます。さらに、無意識に自分の気持ちもオープンになり、聞く姿勢も変わります。

③9割、相手の話を聴くことに徹する

自分から話し始めるのではなく、まずは相手の話を聴きましょう。

いきなり自分の想いをぶつける人もいるかと思いますが、コミュニケーションの基本はまず聴くことから始まります。

ただ耳を使って「聞く」のではなく、それプラス、目と心で「聴く」のです。全身を使って相手に集中します。

聴くときは、目を見て、うなずき、相槌を打つことを意識します。**相手の話に割って入ることはしません**。とにかく聴くことに徹しましょう。

会話の9割は、相手の話を聴くことに徹します。営業のお仕事の場合、自分の商品についての説明は1割以下で十分です。

ほとんどの方が、日常で9割以上、人に話を聴いてもらうことなんてありません。

だいたい、話している最中に相手に遮られたり、目も見ずに話を聞かれたりすることが多いでしょう。そのため、これだけで相手に信頼されます。

④相手の言葉をオウム返しする

相槌として、「はい（うん）」「へぇ」「なるほど」「そうなんだ」などに加え、相手の言った言葉をそのままオウム返しするのもいいでしょう。

「この間、海外に行ってきたんだ～」「へぇ、海外行ってきたの！」といった具合です。相手の言った言葉を繰り返して聴き続けるだけでも、実は効果は絶大です。

ある友人が、奥様の話を長年聞いていなかったそうですが、奥様の話をただただオウム返しして聴くことを1日30分続けたところ、関係性がとても良くなったそうです。ずっとオウム返ししていると相手に気づかれそうですが、案外そんなこともなく、奥様は喜んで自分の話を旦那様にされるようになって、ケンカもなくなったといいます。とても簡単なのでお勧めです。

⑤疑問は素直に質問する

聴いている最中に、「どういう意味なんだろう？」などと**疑問が出てきたら、そのまま相手に質問します。**これができていない人が案外多いのです。

相手の言葉や、話の意味がわからないまま「まぁ、こういう意味かな」と聴き続けていると、相手の話を履き違えて捉えてしまうことがよくあります。

これはミスコミュニケーションにつながってしまうので、ふとした疑問も質問しましょう。

営業職の友人は、この5つのステップをひたすらやり続け、自分のサービスをほとんど売り込みしなかったそうですが、お客様から「あなたから買いたい」「サービスについて聞かせてほしい」と言われるようになったといいます。

単純なステップですが、ぜひ目の前の人にやってみてください。何より相手も喜んで話してくれるので、聴いているあなたも楽しい気持ちになるはずです。

ここまで話を聴いていると、相手が大切にしている価値観が見えてくることもあるでしょう。「相手はこう思っているんだな」「自分とは大切にしていることが違うんだな」と気づくかもしれません。

「それぞれの経験や得た情報によって思い込みも異なる」と知ることができると、相手をありのまま受け入れられるようにもなります。

こうして知った相手の大切にしている価値観を、一緒に大切にすることで、深い信頼を築けるようになるのです。

オンラインよりもリアルで触れ合う

今は、オンラインのコミュニケーションに頼りっきりで、メールやＬＩＮＥだけで済まそうとすることも多いでしょう。とても便利ではありますが、大切な人と本音を伝え合うコミュニケーションは、当たり前ですがリアルが一番です。

大切な人とほど、リアルに目を見て話す時間をつくりたいものです。

本当は会って話をするのがベストですが、遠くにいてなかなか会いに行けないのであれば電話を使います。耳だけの電話よりもいいのは、テレビ通話です。お互いの顔を見て話ができるＺＯＯＭなども利用します。

また私は、友人とやり取りするときに、ボイスメモを送ることがあります。日本人でボイスメモを使う人はなかなかいないのでびっくりされますが、海外の人は、比較的ボイスメモを使うようです。

文字だけで送るよりも、声の温度が伝わるので、相手にも「声が聞けてうれしいです」と喜ばれます。

オンラインの一番良い点だと思うのは、ふとしたときにすぐ相手に連絡が取れることです。

人の顔がいきなり、頭の中に浮かぶことはありませんか？

だまされたと思ってぜひやっていただきたいのが、**人の顔が浮かんだ瞬間に、その相手に連絡を取る**ことです。

あるとき、こんなことがありました。その日主催しているセミナーがあったのですが、なんとなく参加する一人の顔が浮かび、「今日のセミナーは3階でやるから、よろしくね」とＬＩＮＥを入れたのです。

すると、すぐに既読になり「今、何階でやるか聞こうと思っていました」と返信がありました。

また、あるときには、寝ている最中に夢の中で友人夫婦の家に招かれていたので、起きた瞬間に「久しぶりに家に遊びに行っていい？」と友人にＬＩＮＥを入れました。すると「最近、Ｈｏｎａｍｉちゃんのことを話していて、会いたいなって夫婦で言ってたんだよね」とすぐに返信がありました。

ふと浮かぶことには絶対に意味があるので、**浮かんだらすぐに行動することが重要**です。

ひらめきには鮮度があります。1時間、5時間、12時間と、時間が経てば経つほどに鮮度が落ちるので、すぐに連絡してみてください。

「ああ、本当に自分と他人の意識は見えないところでつながってるんだな」と実感できるはずです。私は、これがオンラインツールの一番便利な点だと思っています。

私の肌感覚ですが、前章で紹介した腸内環境を整え、栄養素をしっかりと摂って、睡眠と運動ができていると、この直感が冴えるようです。

実際にこれらが実践できている方々とは、このシンクロニシティ（意味のある偶然の一致）が多いのです。

残念ながらコロナ禍によって、リアルでのコミュニケーションの頻度が減少しました。その影響で孤独感を抱いていた人も多いでしょう。

私もこれまでは仕事の仲間とオンライン上のセミナーが多かったのですが、最近約

4年ぶりにリアルセミナーを開催したところ、皆さんの喜びが爆発して「やっぱりリアルはいいですね！」と興奮しきりでした。

「リアルはオンラインの100倍の威力がある」と言った人に対して、皆さん大きくうなずいていましたが、私もそう感じます。不思議ですが、その帰り道に、願っていた夢が叶ったという報告も数多くいただきました。

リアルでお会いしたほうが、実際に足を運ぶことでエネルギーが動き、人と交流することで相乗効果のようにエネルギーが上がるので、運が上がるということです。

特に大好きな人とは、どんなに忙しくても定期的にリアルで会えるようにスケジュールを組んだほうがいいでしょう。

私も一時期、仕事が忙しすぎて、売上はどんどん上がるけど全然うれしくない、と感じる期間がありました。

「なんでこんなふうに感じるんだろう？」と振り返ったときに、夫との時間が少なく、大好きな友人たちとリアルで会える機会も数ヶ月間なかったことに気がついたのです。

どんなに健康で仕事がうまくいっていても、大好きな人とのリアルな触れ合いがなければ幸せを感じられない、ということです。

「幸せの三角形」の真ん中である人間関係を豊かにするために、リアルのコミュニケーションは必要不可欠です。

本音を伝えることを恐れない

「こんなことを言ったら嫌われるんじゃないか」「人が離れていくんじゃないか」と、相手に本音が言えないときはありますか？

はっきり言いますが、**自分の本音を言って離れてしまうくらいなら、そんな人間関係は本物ではありません。**

ずっと旦那様に本音を言えずに、いつも旦那様の顔色を窺って、自分の気持ちを後回しにしてきた女性がいました。その女性は、初めて自分の夢ができたときに、旦那様に大反対されたらしいのです。

しかし、どうしても彼女はその夢を諦めきれず、どうにかして旦那様に関心を持ってもらおうと、その日からハグと、「いってらっしゃい」と「おかえりなさい」のキスを強化し始めました。

旦那様の話や気持ちに耳を傾けることを続けて数週間、ついに旦那様にもう一度話を聞いてほしいとお願いします。

アイメッセージ（自分の考えを「私＝I」を主語にして伝えることで、相手を尊重しつつも、自分の気持ちを大切にしたコミュニケーション）を意識して、「私はこう思っている」「だから、こうしたいんだ」と一生懸命に伝えました。しかしそれでも、旦那様に反発されたそうです。

勇気を持って想いを伝えたものの、まだ反発されたことで、今まで一度も旦那様に怒ったことがない彼女が、ついにブチ切れたそうです。

今まで意見を言ってくることなく、自分の言いなりだった奥様がブチ切れたことで、あまりの衝撃に目がまんまるになった旦那様。

そこで旦那様も目が覚めたのか、翌日に真剣な面持ちで、「俺は君のことを愛してる」「だから応援する」と言ってきたそうです。彼女の本気が伝わったのでしょう。その日から、夫婦の仲はより深まったそうです。

これは、自分の本音を伝えるときにブチ切れてください、という話ではありません

（笑）。

前述したように、**本物の人間関係であれば、あなたが「私はこう思っている」と腹を据えて本音を伝えれば、必ず相手にも伝わります。**

「こんなことを言ったら嫌われる」と思っていること自体が思い込みです。思っているから、そうなります。

いったんその思い込みを捨てて、相手に本音を伝えることが大事です。

もし、自分の気持ちを伝えても相手にうまく伝わらなかったり、相手と距離が空いたりしても、縁がある相手であれば、必ず後からわかり合えるときや、再会するときがきます。

ただ、それまで自分の気持ちを犠牲にしていた人が、自分を大切にして生き始めると、人間関係が入れ替わることはよくあります。

今まで一緒にいた友人といることに違和感を覚え始め、どこか孤独になってしまったような感覚になるかもしれません。

しかし、そのときにしっかり見つめてほしいのは、**「自分がしたい生き方」**と**「本**

当に一緒にいたい人はどんな人か」ということです。

私も価値観が変わることが今までの人生で何度かあり、そのたびに人間関係が入れ替わり、孤独を感じていました。

「この人も、この人も、もう一緒に過ごすことはないかもしれない」と思うと、どんどん不安になっていきます。

そのとき、「いや、でも待てよ。私はこの人と一生一緒にいたいのか？」「これまでの自分のままで生きたいのか？」と自分に尋ねると、「いや違う。新しい自分の価値観で生きたいし、価値観の合う人と一緒にいたい」という答えが返ってくるわけです。

新しい出逢いがある前には孤独感を抱く人が多いのですが、今からなくなる人間関係に目を向けるのではなく、これから出逢いたい人間関係にフォーカスしましょう。

自分の本音を大切にできるようになると、本来のあなたを受け入れてくれる真の関係性がどんどん増えていきます。

もし孤独を感じていたとしても、新たな出逢いへのサインだと思って安心していてください。

運命のパートナーに出逢う方法

私が事業を始めたばかりのときに、ビジネスパートナーに出逢いたいと強く思ったことがありました。

「同じくらいの年齢で、近くに住んでいるか働いていて、美容系のお仕事をしていて、一生事業を共にする、お互い大好きになる女性」と、パートナーの条件を紙に書き出しました。

「3月31日までに出逢う！」と書き足し、当時住んでいた家賃3万6000円の暗くて狭い部屋の壁に貼りました。1月の中旬頃だったと思います。

そこから毎日、その女性に出逢うところをイメージしながら過ごしました。引き寄せの法則を知っていたので、**彼女と出逢うことを信じ、出逢ったときの喜びの感情を先取りしながら、毎日幸せに過ごしました。**

しかし、3月31日が過ぎ、4月1日になっても出逢わなかったのです。

「おかしい！　なんでやねん！」と若干イラつきながら、壁に貼った紙をはがし、くしゃくしゃに丸めて捨てました。

「悔しい！　出逢うはずだったのに」と残念な気持ちになりましたが、「3月31日までに出逢う」と設定したことに関して、少し焦りのような感情を持っていた自分にも気づきました。「3月31日までに出逢わなかったら、どうしよう……」という不安があったのも事実です。

「よし、1回このことは忘れよう」と思い、本当に忘れて日々を楽しく過ごしていました。

それから5月半ばになり、友人と主催したランチ会に、ある女性が参加してくれました。

数日後、その彼女とカフェでお会いすることになったのですが、ギャル風の見た目の彼女は、昼間からカフェで「私シャンパン飲んでいい？」と言い、シャンパンを飲み始めました。

私はお酒が飲めないのですが、ほぼ初対面で昼間からお酒を飲む彼女に少しびっくりして、根暗な私は「仲良くなれるタイプじゃないかも」と思い、それから連絡を取ることはありませんでした。

その頃、ランチ会は毎月主催していたのですが、8月のランチ会にも彼女が参加してくれました。

そこで彼女が大切にしている価値観などを聞く機会があり、「あ、やっぱりこの子と仲良くなれるかもしれない」と感じ、また会う機会ができました。

何度もお会いするうちに、気づけば大親友になり、共にビジネスをするベストパートナーになったのです。

彼女は同い年で、そのとき近くで働いていて、美容のお仕事をしている方でした。フタを開けたら、あのとき紙に書いた条件をすべて満たした人だったのです。

「こんな人と出逢いたい」という条件をはっきりと明確にして、出逢えた喜びを先取りするように、毎日を楽しんで過ごす――。

これをすることで、出逢いたい人には必ず出逢えます。

出逢う日時の期限を設定するのもいいですが、人によってはそれがプレッシャーになることもあるでしょう。

この体験談から、**一度執着を手放すことで、出逢える**のだということもわかると思います。

また、恋愛や結婚に関するパートナーを引き寄せるのは、もっと簡単です。

なぜなら、感情が大きく動きやすいからです。イメージしたときの感情が大きければ大きいほど、引き寄せの力は大きく働きます。

「恋人が欲しい！」「結婚したい！」という方に、私が一番初めにするアドバイスは、「家の中に彼が入る隙間をつくってください」ということです。

すでにもう彼ができた前提で、歯ブラシと箸とお茶碗と枕を買い足し、彼が横で寝る隙間をつくるのです。

部屋の中が汚いなら掃除します。下着がほつれているなら買い替えます。

いつでも彼を招けるお部屋にするのです。

「離婚して子どももいるけど再婚したい」という方は、子どもで手いっぱいで彼が入る時間と空間の隙間がない方がほとんどです。一人の時間も意識してつくるようにします。

明日、彼氏ができてもいいように準備をするのです。

今すぐ、目の前に理想のパートナーが現れて、あなたの家に泊まってもいいですか?

「ちょっと待ってください! ムダ毛を剃らせてください!」と思う方もいるかもしれません。そう感じるなら、今すぐムダ毛を剃ってください(笑)。

それから先ほどのビジネスパートナーの引き寄せと同じように、理想のパートナーの条件を具体的に書き出します。

うまく理想が浮かばない場合は、「こんなパートナーは嫌だ」という嫌な条件を先に書き出し、その逆を考えると理想像が浮かびやすいでしょう。

そして、理想のデートをイメージします。

ドライブデートがいいなら、何を着ていくのか。車に乗ってどこに行くのか。車の中でどんな会話をするのか。その後どんな展開になったらうれしいのか。それらをにやにやしながら妄想します。

着ていく服が準備できていないなら、それも今すぐ準備しましょう。こんな妄想を毎晩寝る前にして、にやっとしながら寝るのです（笑）。

雑誌を読んでいて彼氏と行きたいところが出てきたら、しっかりマークしておきます。1周年記念日もまだきていませんが、先に欲しいものを決めておきます。

そして実際は一人でも、すでに彼氏がいる自分として、楽しんで幸せに日々を送ります。

ふざけているように聞こえるかもしれませんが、これが本当に効きます。これらを実践して彼氏ができなかった人は、私の周りには一人もいません。

とにかく自分一人でも楽しんで幸せに毎日を送り、出逢いたい人を思い描いていれば、必ずベストなタイミングで出逢います。

あらゆる人に心をひらこう

幸福度を爆上げさせるのにお勧めなのは、**外側の世界に心をひらいて日々を過ごす**ことです。これを実践すると、幸せな気持ちが高まり、夢が叶う速度も上がるので本当にお勧めです。具体的には以下のようなものです。

①先手挨拶をする

家の近所の人や、同じマンションやビルの人にお会いしたときは、自ら挨拶をします。**相手からしてもらうのを待つのではなく、先手で挨拶する**のです。

そのときは、**目を見て笑顔でハッキリ、声を1トーン上げて挨拶する**ことがポイントです。慣れていないと緊張するかもしれませんが、案外すぐ慣れます。

また、挨拶が返ってこないことにも心が折れそうになるかもしれませんが、継続してやってみます。

初めてお会いする方や緊張する相手にも、意識して先に挨拶することで、その場を自分のエネルギーで制することができます。

②相手の良い点を伝える

挨拶だけでなく、それに一言添えます。「良い天気ですね」とかでもいいですが、もっといいのは**相手の素敵だなと感じた点をお伝えする**ことです。「きれいな色の靴ですね」「お肌ツヤツヤですね」などです。

スーパーのレジの店員さんにこれをすると、人によってはびっくりされますが、喜んでさらにいい笑顔を見せてくださることがほとんどです。こちらの顔も覚えてくれるようになるので、スーパーに行くたびに喜んでくださるようになります。

挨拶して一言会話をするだけで、自分が行くと喜んでいただける関係性が築けるわけです。これってすごいことだと思いませんか？　スーパーに行くだけで楽しくなります。

また、相手の良い点を伝えようと日々意識していると、人の良い点ばかりに目がいくようになります。これが相手にとっても、自分にとっても良い変化になるのです。

③感情を素直に表現する

うれしいことをうれしい、楽しいことを楽しいと表現することは、相手へのギフトになります。

私は、飲食店に行って食事をしたときに、おいしかったら必ずお店の方にお伝えするようにしています。

「この料理すごい！　最高においしいです！」とうれしい気持ちを素直に伝えると、「うれしいです！　ありがとうございます！」と気持ちがいい交流が生まれ、さらにうれしい気持ちになります。

なぜ私がこれを実践するようになったかというと、自分が飲食店の店員だったときに、お客様からおいしかったと言われることが、とてもうれしかったからです。

チェーン店のラーメン屋でアルバイトをしていたとき、あるお客様が毎回レジで「おいしかった、ありがとう」と目を見て伝えてくれました。

お客様の回転が速いラーメン屋だったので、いつもせわしなく殺伐とした店内で、感謝を伝えてくださる方はほとんどおらず、まして目を見て「ありがとう」と言ってもらうことがなかったため、そのお客様はとても印象的でした。大袈裟ですが、毎回その女性が女神に見えました。

実際、お店の方に感謝や感想を素直に伝えるようになると、サービスしてもらえることも増えました。「これ試作なんですが、食べませんか？」とか「もう一個おまけつけとくね」と言ってもらえたりするのです。すべてのお客様にしているわけではなさそうです。

喜んでもらえたと実感できると、もっと喜ばせたいという気持ちになるのが人の心理です。そうして良い循環が生まれます。

また、**大好きな人に大好きだと伝えることを、日頃からしていますか？**

イギリス人のビジネス仲間に「Ｈｏｎａｍｉは旦那さんに愛してると毎日言っているのか」と聞かれたことがあり、「そんなことしませんよ」と言ったら、「なんで！」と騒がれたことがあります（笑）。

「今すぐ連絡して伝えて！」と言われたので、すぐに電話し、恥ずかしながらも「愛してるよ」と伝えたら、夫にはとてもびっくりされましたが、うれしそうでした。

ある私の友人は、いつも「愛してるよ」と家族や旦那様、そして私にも伝えてくれます。まだ彼女のようには習慣になっていませんが、好きな気持ちを日頃伝えることも大切です。

照れくさい気持ちを乗り越えて愛情表現することで、自分も相手も手っ取り早く幸せな気持ちになれます。

今すぐいったん本を脇に置いて、大切な人に「愛してるよ」と伝えてみましょう！

ほど良い距離感でエネルギーを整える

自分のエネルギーを常に整えておくことは、とても大切なことです。

さまざまな人との交流の場に足を運んだり、初めてお会いするタイプの人とコミュニケーションを取ったりすると、疲れることはありませんか？

疲れているにもかかわらず、ずっとその疲れる行為を「成長のためだ」とか「根性で乗り切ろう」と続けることはお勧めしません。エネルギーがどんどん落ちてしまいます。**疲れたらすぐに休み、エネルギーを充電しましょう。**

もっと嫌な疲れは、愚痴や不平不満、悩み相談を聞きすぎて起こる疲れです。愚痴や不平不満を言う人が出てきたら、まずは心の距離を取ってください。イメージの中だけでいいです。

そして決して、**感情を込めて愚痴に共感しない**ことです。

例えば、「わかる〜ムカつくよね」と共感してしまうと、ますますマイナスなエネルギーが増幅します。**マイナス要素で共鳴するような人間関係は、仲良く闇に堕ちていき、いいことが1つもありません**ので注意してください。

また、私は10分以上かかる愚痴まみれの相談は聞きません。女友達がただ話を聞いてほしいときがあるのもわかりますし、もちろん私もそんなときはありますが、あまりにも長い時間になると、さすがに聞いているほうは疲れてきてしまいます。

深刻な悩みに関しては、カウンセラーなど専門家にお任せしたほうがいいでしょう。

また、**人間関係の中でやめたほうがいいのは、「この人といると得しそう」という基準でおつき合いする人を選ぶこと**です。

つき合う人を損得で選んでいくと、相手にもそうされるようになり、安心できる関係性を築くことができません。まさに、「感覚」ではなく「思考」で人づき合いを選んでいる状況です。

一番いいのは「なんかわからないけど、この人好き！」という人と、深くおつき合いをしていくことです。「なんかわからないけど＝理屈ではない」ということなの

で、**あなたの潜在意識がその人を求めているのです。**

理屈なく好きな方との時間は、それだけでエネルギーが上がるでしょう。

会うだけでうれしい、楽しい、大好き！　そんな気持ちになるお相手は、あなたにとってかなり貴重な存在です。そんな人とのおつき合いは一番大切にしてください。心がどんどん豊かになり、幸福感が増します。

大好きな人と過ごす時間が多いと、自尊心も高まっていきます。「人は鏡」といわれるように、**好きな人といると、自分のこともっと好きになれる**のです。

そうかといって、「好き！」という方だけとしかつき合わない人生を選ぶと、好き嫌いで自分の世界を狭めてしまうことになります。

要は距離感が大切なのです。

一緒にいて疲れる人と過ごす時間が長かったり、毎日交流したりしていると、どんどん疲弊していきます。

「申し訳ないから」という気持ちでおつき合いしているとしたら、逆にその人にも失礼ですし、何より自分に失礼です。

縁を切るのではなく、ほど良い距離をあけ、自分を大事にしましょう。

夢もお金も人が運んでくれる

人間関係とお金には、密接な関係があります。

お金は人が連れてくるものであり、人からの支持が多いほど、お金も集まってきます。「幸せの三角形」で表すと、健康の土台の上に人間関係があり、その上にお金があるというのが、その意味です。

「お金があれば人が集まってくる」というのも、また事実でしょう。

実際、お金が稼げるようになると、お金を目的に出逢う人も増えます。そのようなつながりは、まさに金の切れ目が縁の切れ目で、お金がなくなればなくなる縁です。

実際に「ああ、この人自身の魅力に人が集まっているのではなくて、この人のお金や地位に人が集まっているのだな」と感じてしまう人もいます。

もし、あなたが無一文になったとしても、この章にある人との関係性を大切に築いていれば、必ず助けてくれる人が現れるでしょう。

どうしたら人の役に立てるのかを真剣に考え、人の幸せに貢献する生き方をしていれば、必ずお金は後からついてきます。

お金持ちを目指すことを優先するよりも、人からの信頼・信用持ちを目指したほうが、土台がしっかりしたお金持ちになれます。幸せなお金持ちは、ほとんどがそういう人です。

そして、あなたが良い人間関係を築けていればいるほど、夢も叶いやすくなります。人があなたを応援してくれるようになるからです。

次の章からは、どうすればお金が集まってくる自分になれるのか、また、お金とどのようにつき合うべきか、お話ししていきます。

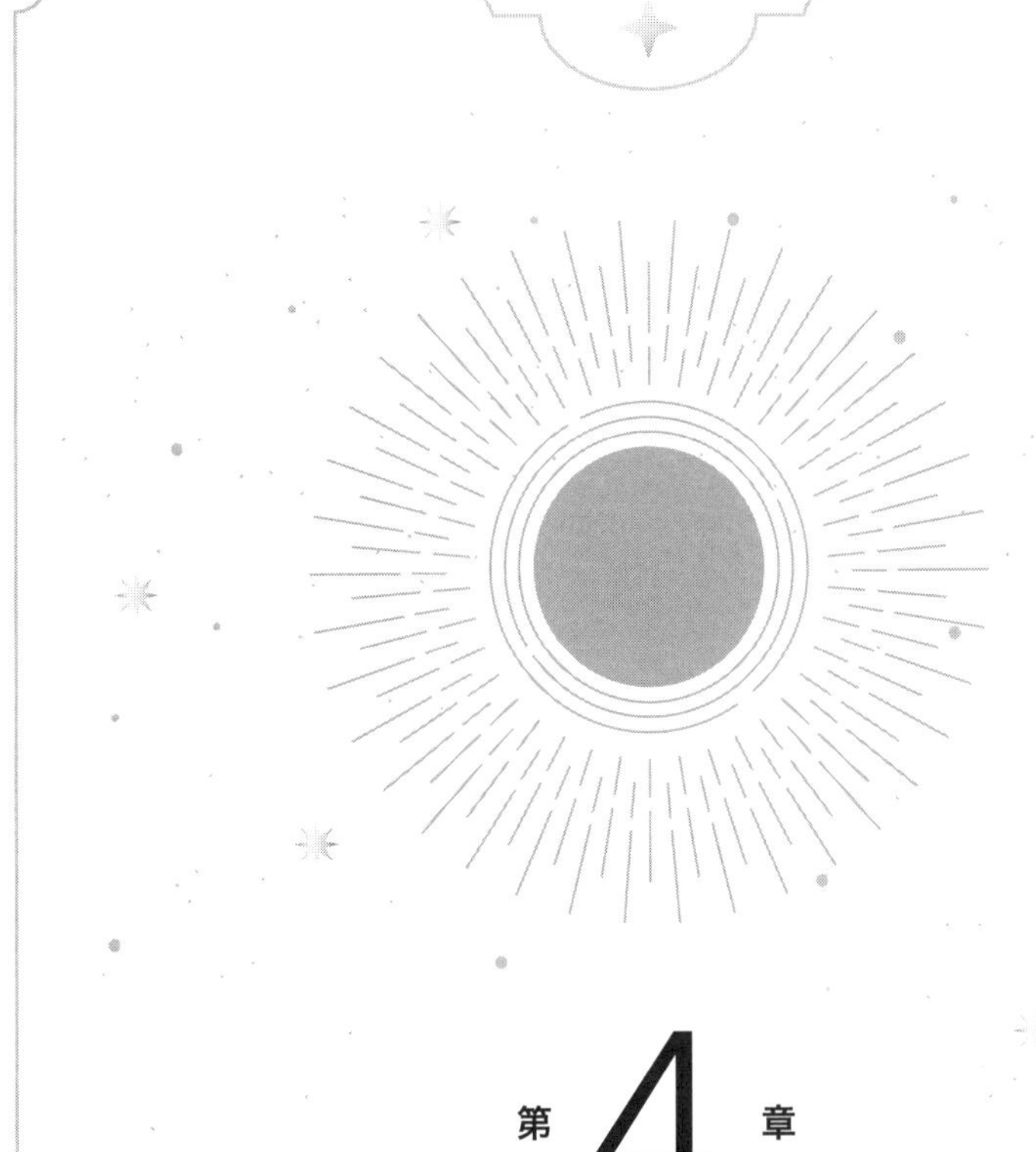

第4章

喜び合いながら得られる経済

自らの意志で「豊かになる」と決めよう

「今の悩みはなんですか？」とフォロワー様に伺うと、「お金」という方が多いです。少し前の時代だったら、大手の会社に入れば安心、公務員であれば一生安泰、という考えがほとんどでしたが、今の時代はそうでもないようです。

大手企業の終身雇用の崩壊、政府による副業（複業）の推進、老後2000万円問題などを見ると、会社や国に頼っているだけでは不安だと感じている人も少なくないでしょう。実際に、会社員の平均年収は、物価の上昇もお構いなしに、約30年間ほぼ上がっていません。

この時代の流れを見ていて、私があなたにお勧めしたいのは、まず**「自ら豊かになる」と決める**ことです。

誰かが自分を豊かにしてくれるという発想ではなく、自分で自分を豊かにする、と決めるのです。

豊かな人はどんな人かというと、与える人です。

そんな人は受け身ではなく、主体的に生きています。

誰かがなんとかしてくれるという発想を捨てましょう。世の中が不景気だからとか、会社が給料を上げてくれないからと嘆いていても、外側の世界が変わることはありません。

いつだって、自分がまず初めに変わる必要があるのです。

世の中が不景気といっても、そんな中でも豊かになっている人はいるし、会社の給料に不満があるならスキルを上げて転職すればいいだけです。**自分以外の何かのせいにしている人は、受け身な人であり、真の豊かさとはほど遠い人です。**

ここまでの内容を実践してきていれば、自分一人でも幸せな気持ちになれているし、人と良い関係性が築けていることにも幸せを感じられるようになっていると思います。

前の章で紹介した内容を実践し、人との信頼関係を築けてきているあなたは、この章の内容を１つ１つ実践することによって、お金にも愛される人になるでしょう。

お金と幸福度の深い関係

お金と幸福度の相関性に関する研究はいろいろあります。お金を無限に稼げば、無限に幸せになれるのでしょうか？

2015年にノーベル経済学賞を受賞した、アメリカのプリンストン大学のアンガス・ディートン教授の研究によると、年収が7万5000米ドル（約800万円）を超えると、以降は年収と幸福度の相関があまり見られないそうです。

わかりやすくいうと、800万円までは年収がアップするにつれて幸福度も上がりますが、それ以降は年収が上がっても幸福度は大して変わらない、ということです。

また、内閣府の調査（2019年「満足度・生活の質に関する調査」第1次報告書）によると、「年収800万円程度を目安として、年収が幸福度に与える影響が薄れていく」という傾向が見てとれます。

この調査はウェブで、「現在の生活にどの程度満足しているか」を0～10点の11段階で質問されました。その結果、年収１００万円未満の人の幸福度は５・01、年収７００万円以上１０００万円未満の幸福度は６・24で、１・23の差が開いています。

一方、年収１０００万円以上２０００万円未満の幸福度は６・52。年収７００万円以上１０００万円未満と比べると、０・28しか差がありません。

つまり、**年収８００万円以上を稼いで贅沢をしたからといって、幸福度は特に上がらない。お金と幸福度は、ずっと比例関係にあるわけではない**ともいえるのです。

このデータには、続きがあります。年収３０００万円以上になると、幸福度は逆に下がります。意外なことに、幸福度は年収３０００万円以上で６・60、年収５０００万円以上で６・50、年収１億円以上で６・03と緩やかに下降しています。

つまり**年収１億円以上の人の幸福度は、年収７００万円以上１０００万円未満の人の幸福度よりも低い**というデータが出ているのです。

なぜ、年収８００万円以上になると幸福度が上がらなくなるのでしょうか？

それは経済学の「限界効用逓減（ていげん）の法則」で、ある程度説明ができます。この法則は、「財の消費量が増えるにつれて、得られる効用が減少していく」というものです。

例えば、年収200万円が300万円になったら飛び上がるほどうれしいでしょう。しかし、その後キャリアを積み、年収2000万円から2100万円になれたとしても、年収200万円が300万円にアップしたときの喜びには敵わないはずです。

このように年収が上がるにつれ、感じる幸福度は違ってきます（場合によっては減ってきます）。

お金を得れば得るほど、幸福度もつられて自動的にアップするわけではないのです。

また、カリフォルニア大学ロサンゼルス校の心理学者パトリシア・マークス・グリーンフィールド氏や、同大学バークレー校のダーカー・ケルトナー氏など別々の研究から、「人は裕福になればなるほど、心理的にも物理的にも孤立しやすくなる」という調査結果が発表されています。

そこには競争心や、利己主義などが関係してくるそうです。そんな状態は、お世辞にも「幸せそう」には思えません。

総括すると、**お金はないよりはあったほうがいいですが、あればあるほど幸せかと**

いえば全然そんなことはないのです。私自身も、そう思います。

億単位のお金を稼げるようになったものの、国内外問わず毎日違う場所で講演し、常にパソコンに向き合い、身近な人との人間関係が薄くなったとき、「あれ？」と思いました。

「これだったら、もしかしたら、今までのほうが幸せだったかもしれない」

身近な友人と未来について語り合ったり、皆でわいわい食事したり、私にとっては、それが最も幸せな状態です。心身共に疲弊させながら、莫大な稼ぎを求める必要はないでしょう。

大切なのは、**「年収が高い＝幸せ」という固定観念に縛られることなく、自分がどんなライフスタイルを送りたいのかを明確にし、それに対してどのくらいのお金が必要なのかを考える**ことです。

漠然と「お金持ちになりたい！」という人も多いのですが、案外、多くのお金はそこまで必要なかったりするのです。

お金は自分の叶えたい状況を手にするための「手段」です。お金を稼ぐことを目的にすると、幸せから遠のいていくでしょう。

お金の不安が消えない理由とは？

「お金の不安が消えません」というお悩みもよくいただきます。ずっとお金の悩みに振り回されてきた私は、質問者様の気持ちにとても共感します。

お金の不安がある人に質問したいことがあります。それは、「どうしてお金に関して不安があるのか？」ということです。

もし、あなたにお金の不安があるなら、自分自身に「どうして不安なのか」を聞いてみてください。

だいたいの方が、「必要な支払いができなくなるのが不安です」と言います。

さらにそれの何が不安なのかを尋ねると、「家賃や水道光熱費などが払えないと、生活ができなくなるのが不安」だと言います。

さらに尋ねると、「家を出なければいけなくなる」「人に迷惑がかかる」と言います。

さらに尋ねると、「生きていけなくなる」と言います。

実は、**お金の不安の行き着く先は、「死への不安」**なのです。

しかし、考えてみてほしいのが、**あなたは本当に、お金が払えなくなることによって、生きていけなくなるのでしょうか？**

家賃が払えなくなったとしたら、家賃を下げたところに引っ越す、あるいは実家に帰るなどするでしょうし、食べるお金がなくなったとしても、節約してなんとか食べようとしたり、誰かから食事を恵んでもらったりするでしょう。

取引先にお金が払えないかもしれないとしても、なんとかお金をかき集めたり、取引先に支払い期日を延ばしてもらうために頭を下げに行ったりするでしょう。

「必要な支払いができなくなって生きていけるのかが不安」と言っても、実際問題、どうにかなるか、どうにかする方がほとんどです。

一度冷静になって、「お金の何が不安なのか」を掘り下げてみてください。

特に、前章までに紹介したことを積み上げて実践していくと、お金に困ったとしても、新しい仕事をもらえたり、援助してもらえたり、助けてくれる人が現れたりするでしょう。そこまで心配になることは、実はないのです。

そして、**お金の不安がある方は、お金まわりを直視できていないことがほとんど**です。**不安をなくしたければ、お金と向き合うことが必要不可欠です。**

私が借金に苦しみ続けていたとき、くさいものにフタをするように、借金がある事実と向き合うことができていませんでした。毎月だましだまし生活をしていたのです。しかし、そこと向き合わない限り、一生不安はつきまといます。

具体的にどうするのかというと、**生きるために毎月最低いくら必要で（最低限必要な額）、毎月何に使ってお金が出ているのか（支出の中身）を確認する**のです。

最低限必要な額というのは、生きるうえで必要な金額です。家賃、水道光熱費、通信費、食費、消耗品費などです。

今かかっている金額ではなく、必要最低限の額を算出します。**生活のレベルを最も低いレベルまでに落としたときに、いくら必要か**です。

私が一人暮らしだった頃、家賃3万円、水道光熱費8000円、通信費3000円、食費1万5000円、消耗品3000円の合計5万9000円あれば生きていけると計算しました。この金額があれば死にはしないと気づき、**これくらいだったらなんとかなると安心したのを覚えています。**

「最悪、家賃が払えなくなったら、住み込みでできる仕事に就こう」とも思っていました。結婚している場合や、子どもがいる場合も、最低限いくら必要なのかを明確にしてみてください。

次に、現在何にお金を使っているのかという支出の中身を、細かいところまですべて確認します。お金が出ていく一方の方は、ここがザルになっているケースが多いのです。

すべての支出を確認し、投資・消費・浪費に分けてみましょう。

「投資」は、将来お金が増えるために使っているお金。

「消費」は、先ほどお伝えしたように生活していくために使っているお金。家賃や水道光熱費のようなものです。

「浪費」は、衝動買いやストレス発散の飲み会などの支出です。

それぞれ分類して出費が多く感じるなら、まず「浪費」を減らすためにできることを考え、次に「消費」を極力小さくできないかを考えてみます。案外いらないものにお金を使っていることにも気づくでしょう。

もう利用していないサブスクリプション費用や、携帯電話の利用料の変化にも気づけるでしょう。外食が多くて食費が高いのであれば、自炊に切り替えることもできます。貯金をしていきたいなら、家賃を落とすのが一番効果的です。

今十分にお金があり、豊かに生活できているなら、無理に支出を減らす必要はありません。しかし、お金の不安がつきまとうのであれば、現状を直視し、改善することが重要です。

「最低限のレベルに必要なお金の金額はわかったけど、今の生活レベルを落とすなんてできない」と感じる人もいるかもしれません。

次項からも述べますが、生活レベルを上げるのは簡単ですが、下げることは非常に難しいのです。

お金持ちになった人が、「生活レベルをいきなり上げないほうがいい」と忠告するのもそれが原因です。一度上がったレベルを下げることができず、生活保護を受給する人もいるくらいです。

一方で、生活レベルを下げることで、より幸せになる人が実は案外多いのです。例えば、ほとんど外食だった生活を自炊に変えることで、たまの外食がとんでもなくおいしく幸せに感じるでしょう。

そして、固定費を削減したりして毎月の支出を減らすことで、貯金が増え、安心感が増す人も多いのです。

私の友人にも、浪費癖があった日々から、必要最小限のものだけで暮らすミニマリストになった人がいますが、心にゆとりができて幸福感が増したといいます。

お金の不安をかき消すために収入を増やそうとする方もいますが、収支を見直し、支出を減らすことで解決するかもしれません。

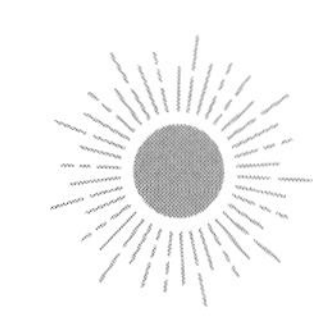

宝くじ高額当選者の末路

「大金があったら、私も一発で幸せになれるのになぁ」

そう思ったことはありますか？

例えば、宝くじ当選を夢見る人は多いでしょう。でも残念なことに、宝くじは一過性のもの。それどころか、宝くじに当選したおかげで身を滅ぼすことすらあるのです。

「全世界の宝くじ高額当選者の約70％は7年以内に破産している」「アメリカでは宝くじ高額当選者の少なくとも30％が5年以内に破産している」などの客観的なデータがあります（gitnux／2023年発表）。

また、「破産」どころか盗難などの犯罪に巻き込まれたり、失踪したり、自殺（未遂）をしたり殺害されたり。「幸せになった」と言いがたい宝くじ当選者も多いのです。

また、日本で宝くじの高額当選金が払い戻されるとき、銀行から『【その日】から読む本』という冊子が渡されることになっています。そこには、当選金の使い道について「ローンや借金の返済を優先しましょう」「当選を知らせる人は一覧表にしましょう」「仕事は辞めないように」など具体的な助言が書かれているそうです。

そうした冊子が配られる事実からも、宝くじが人生を変えてしまう恐ろしい一面が伝わります。

しかし不思議な話です。なぜ、破産にまで追い込まれてしまうのでしょうか？

その理由の1つに、「お金を守る知識が乏しいから」ということがあるでしょう。投資やビジネスの世界ではよくいわれることですが、お金は増やすより守るほうがはるかに難しいのです。

また、当選金を得た途端、生活水準を一気に上げてしまい、身の丈に合っていない商品に手を出してしまうということもあるでしょう。

普段だったら絶対にしないような高額な買い物を、衝動的にしてしまうのです。

そんな贅沢を一度味わうと、後戻りができません。「もっともっと」となり、宝くじが当たる以前の生活水準に戻せなくなります。

また、「億万長者になったから、一生働かなくていい」と仕事を辞めてしまう人も多いといいます。

すると手持ちの時間も増えるので、仲間に高い食事をおごったり、会食やパーティーを開いて散財したりと、浪費のスパイラルに突入していきます。

また、どこかから情報が洩れてしまい、各方面から寄付などを求められ、精神的に参ってしまうケースも珍しくないそうです。

宝くじが当選する前は、慎ましく暮らしていたはずなのに、なぜ突然お金を使いたくなるのか——。

その心理は「パーキンソンの法則」という専門用語で説明がつきます。

パーキンソンの法則とは、英国の歴史学者であるシリル・ノースコート・パーキンソン氏が提唱した、「収入が増えると、支出も増える傾向にある」という理論です。

億万長者になった途端、テンションが上がりすぎて冷静に判断できなくなり、家計管理がゆるくなるのです。

もちろん、贅沢な食事や旅行、豪遊などの浪費を数度に抑えることができればいいのですが、「大金を得た」ということで興奮したり気が大きくなったりして、急に「浪費癖」がついてしまうのです。

また、大金を使う楽しさや便利さなどを知ってしまうと、もとの暮らしへと戻りにくくなってしまいます。要するに金遣いが途端に荒くなることで、お金がどんどん流出し、最後には自己破産へと至るわけです。

そんな宝くじ高額当選者の「あるある」のエピソードから、私たちはしっかりと学ばなければなりません。

最も堅実に幸せになれる近道は、一攫千金ではないのです。

それよりも**信頼できる人間関係を築き上げて、そこで自分の強みを発揮して、人に喜んでもらう行動を取り続けること**です。

職業として、あなたの能力や技術などを提供し続けることができれば、より理想的でしょう。

つまり、自分の力や行動の対価として、お金を受け取れる人になればいいのです。

そうやって得たお金は、宝くじのように超高額ではないかもしれません。しかし、あなたの人生も、相手の人生も、より心豊かで楽しいものになっていくはずです。何より、宝くじのように「自己破産」に至るリスクは限りなく低いといえます。

持続性の高いお金の得方を追求していきましょう。

「働く」ことは最高の自己表現

では、「働く」とは、いったいどういうことでしょうか。

それを考えるためには、これから仕事という概念は大きく変わっていくということを前提にしなければなりません。

ＡＩ（人工知能）やロボットなどが発達し、これからほとんどの仕事は機械がやってくれるようになります。誰がやってもいいような単純作業は機械に代替されてしまうでしょう。

そういう時代になりつつある今、私たちがしなければならないのは、本書でこれまでに語ってきたような、**自分が本当にしたい生き方であるとか、自分の強みは何なのかといったことを、しっかり知ったうえで仕事に就くこと**です。

私の場合は、会社員をやりながらも起業家意識があり、自分の強みを発揮して社会貢献したいとずっと思ってきましたが、そこまで独立志向が強くなくても、会社員をしながら副業をして、自分でお金を生み出すことを私はお勧めしています。

そうすることで、お金を稼ぐことや自ら仕事を生み出すことの難しさやありがたさを体験できますし、それによって本業の実績が上がる人も多いのです。

また、不安定な時代に自分で稼ぐ力をつけ、資産を増やすことは、大切なことだと思います。

もちろん、会社員が悪いと言っているわけではありません。会社から与えられた仕事で成果を出せれば、出世して給料もアップしますし、破格の待遇でヘッドハンティングされることもあるでしょう。

しかし、**会社から与えられた仕事をただこなしているだけの人は、これからの時代はちょっと危険です。**仕事を通じて自分の強みや特技を伸ばしていこうとする意識の薄い人は、AIなどに仕事を奪われる可能性があるからです。

逆に、自分の強みや特技を活かすことは、周りに喜んでもらえますし、何より自分自身が喜ぶことです。

また、**幸せを感じられている人は、人に貢献したいという発想に自然と向かっていきます。**

日本語の「働く」の語源は、「はた（傍）を楽にする」という説があります。つまり、自分以外の誰かを楽にすることです。

人はどうして働くのかというと、もちろん生活のために収入を得るということはありますが、**実は「人に貢献して喜んでもらいたい」ということが本質です。**

周りの人に喜んでもらったり、人を楽にしたり、助けたりすることが働くということです。その対価として、お金が得られます。

だから**本来「働くこと」は、うれしくて幸せなこと**なのです。

ところが、仕事＝しんどいと思っている人は多いようです。この潜在意識は書き換えなければなりません。

人の役に立つことをすると、信用と信頼が積み上がっていきます。

それを継続することで、豊かさが巡っていきます。

人の役に立つとお金が入ってきて、入ってきたお金を人のために使っていく。**そうやって人のためにお金を回していくと、永遠に豊かになります。永遠にです。**

そのために、まずは、自分の強み・特技を伸ばしていくことが重要です。

私の事業が大きく好転するきっかけとなった、丸山敏雄先生の著書である『万人幸福の栞』（倫理研究所）の中で、衝撃を受けた一文をご紹介させてください。

——最も己を大切にすることは、自己の個性（たち）を、出来るだけのばして、世のため人のために働かすことである。それには、仕事をなまけ、研究を怠り、身をおしんでいては、とても出来ることではない。己の一切を学問にささげ、事業に傾け、仕事に没頭してこそ、はじめて異常（ふしぎ）の働きができる。

己の、大きな向上、躍進、完成は、己を空（むな）しくすることである、身をささげることである。ここに必ず真の幸福が添うのである。

私はそれまで心理学を学ぶ中で、「自分を大切にしよう」という言葉をよく聞いており、それは「自分を休ませること」「褒めてあげること」「素直になること」などを示しているのだと思っていました。

しかし、この一節を読んだときに、これが**自分を大切にすることの本質**なのだと思ったのです。

「自分の個性を伸ばすこと」、それを「人のために働かせること」、そして「個性を伸ばすために一生懸命努めること」。

ここに気づいてから、私の売上はみるみるうちに上がっていきました。

私のYouTubeにしても、チャンネル登録者数が計30万人ほどになり、100万回以上再生されている動画もいくつかありますが、こんなに大きくチャンネルが育ったのは、**自分の強みを伸ばし、活かすことに集中した**からです。

元々人前で話すのが得意で、自分は写真よりも動画映えするほうだと気づいた私は、それを活かせそうなYouTubeに力を入れようと決めました。ほかにも使っていたSNSや、取り組んでいた事業があったのですが、すべていったん脇に置いて、YouTubeに一極集中したのです。

24時間動画を見漁り、何がトレンドなのかを研究し、YouTubeについて学べる高額スクールには4つ以上並行して投資しました。

学びながらひたすら動画を撮り、コメント欄もすべてチェックして、「動画を見ている人は何を望んでいるのか」「見ている人の悩みは何なのか」を考えながら撮り直す日々でした。

動画のサムネイルのつくりかた1つをとっても、どうしたらクリックしてもらえるのかを研究しました。内容とサムネイルに乖離があると「釣りのサムネだ」などと批判のコメントが来たり、自分の胸の谷間を強調して体を張ったサムネを作ったりした時期もありました。

なぜそこまでしたのかというと、人の興味や関心を引くことで、できるだけ多くの人に動画を見てもらい、助けることができる人がたくさんいると信じていたからです。別に胸の谷間を出したかったわけではないのです（笑）。

そうすることでどんどん数字は伸びていき、毎日たくさんの方に喜びのコメントをいただくようになりました。そして信用と信頼が積み上がっていき、自分が提供しているサービスも自然と売れるようになったのです。

そんなふうにSNSに一生懸命に向き合ってきた私ですが、実をいうと「SNSだけはやりたくない」と思っていました。理由は、オンラインでは私の本心はうまく伝わらず、深い人間関係は築くことができないと思い込んでいたからです。

いろいろな人に知られて批判されるのも嫌だと思っていたので、一歩を踏み出せずにいました。

ですが、できるだけ多くの人に認知されたほうが世の中のためになる、自分ができることや強みを活かしたほうが人の役に立つと気づき、ＳＮＳを始めました。

そして、ＳＮＳの中でも自分の強みが最も活かせそうなYouTubeに一極集中した結果、ＳＮＳをやっていなかった頃よりもはるかに多くの素敵な出逢いをたくさんいただき、感謝を伝えられることが増えました。

私がＳＮＳに手を出せなかったのは、結局、自分のこだわりと思い込みが強すぎたからです。この思考だと永遠に豊かになれません。

豊かになるには、周りのためにできることを、自分の命を活かして真剣に取り組むことです。

自ら与える愛の姿勢が豊かさへの近道

自分の強みや特技を伸ばす重要性について、「それって自営業の人に当てはまることが多いのでは？」と思う方もいるのではないでしょうか。

例えば、会社員の場合は、自分の都合ではなく会社の都合で仕事をしており、自分の苦手なことをしなければならないケースもあると思います。

ただし、その制約のある立場であっても、自分の特技や強みを活かすことはできるでしょう。

まずは、**いただいた仕事を徹底的にやる**ことです。

仕事と役割を与えてもらい、それに対してお給料をいただけていることは、当たり前ではありません。

豊かになりたければ、創意工夫をして求められたこと以上の成果を挙げて、喜んでいただこうとする姿勢が大切です。

言われたことをただやるのは、ただの御用聞きで、誰でもできます。

要するに、**相手を想い、自ら与える人になることが重要**なのです。

この姿勢は、あらゆる仕事において共通して必要なことです。これができるようになれば、どんな時代になったとしても重宝される人になれます。

自ら求める人は多くても、自ら与える人は本当に少ないです。自ら与える側の人が豊かになるのが、この世の法則なのです。


会社員でも本気で仕事をしていれば、給料は上がります。

「給料を上げてほしい」と嘆く前に、「上げたい」と言われる人になることを目指しましょう。

一生懸命に仕事に取り組んで、それでも給料が上がらずにずっと違和感を抱いているならば、転職を考えるのも1つの手でしょう。

自分のなりたい姿を思い描いて、それを実践・継続していた人が、ヘッドハンティングされたり、勤務している会社が倒産して別の会社に行くことになったりして環境が変わり、自分の理想が実現されたという話もよく聞きます。

どうしてそうなるかというと、人間が「こうしたい」という願望を抱き、ワクワクしながら高いエネルギーで周りに貢献していると、それに合った状況に整うという、エネルギーの法則が働くからです。

人間の発する周波数で最もレベルが高いのは、愛です。

「この人の役に立ちたい」「貢献したい」「この人、好きだな」と思っていたら、見えないところで影響を及ぼして、相手から興味・関心を持ってもらえたり、「一緒に仕事をしたい」「あなたから買いたい」と自然に言ってもらえたりします。

こうした考え方は、仕事の中だけではなく、プライベートでも同じことがいえます。

「Aちゃんは何を求めているのだろう」

「B君はいったい何が好きなのだろう」

「Cさんに対して私は何ができるのだろう」

このように想像力を働かせて、こちらから何らかのアクションを起こしてみてほしいのです。

喜びは自分一人だけよりも、大好きな人や大切な人と分かち合うほうが倍増します。

というのも私自身、少し前までは自分のことで精一杯で、身近な人のことまで考えるゆとりがありませんでした。

自分の仕事に全力投球で精一杯の時期、売上はどんどん増えていくし、達成感はありましたが、幸せとはいえませんでした。

でも、そうではなくて、**「身近な人がどれだけ笑っているか」ということを改めて意識し、行動し始めてから、喜びが増し、事業もより発展するようになった**のです。

そのためには、**心身共に健康な状態で、人に愛を傾け、エネルギーを常に高く保つように心掛けることが重要**です。これまでの章の内容も実践しながら、いつでも相手にエネルギーを渡せるぐらいの自分をつくっておきましょう。

自分だけの強みと役割の見つけ方

人は、パズルのピースのようなもの。凸凹があって、強みもあれば弱みもあります。それが自然なことなので、苦手な分野を無理して克服しようというよりは、好きなことや得意なことを伸ばすほうが、これからの時代に合うでしょう。そのほうがポテンシャルを発揮できるし、継続もできます。また、得意な人に助けてもらい、感謝を感じることもできます。

何かを成し遂げようとするときに、「継続は力なり」といいます。継続はそれだけで力となりますが、好きなことであれば苦労はないのです。無理して継続しようと思わなくても、自然と続けてしまいます。

ですから、まず**自分が本当に好きなものや、得意なものを見つけていくことが大事**です。

私がそれに気づいたのは、就職活動のために自己分析を仲間と協力したときです。

目の前の人の強みを10個書いて渡すといったワークを仲間内でやっていくと、意外な自分の一面が見えてきます。

自分の強みは、できれば100個書き出したいです。自己肯定感が低い人の場合、自分の苦手分野や弱みはたくさん書き出せますが、自分の強みは書けないことがあります。難しければ、知人や友人に「私の長所を10個以上教えて」とお願いして集めてみてください。

人から指摘されて「あぁ確かに」とうなずける部分もあるでしょうし、「そういうふうに見られているのか」と意外に思う部分もあるでしょう。

自分の強みや特技は、自分で気づいていないことがよくあります。自分では当たり前のようにやっているけれども、ほかの人にとっては当たり前でないことが、あなたの強みです。

親や夫婦、仕事仲間などにも「自分の強みって何だと思う？」と聞いたりすると、自分を客観視できるようになります。

そうしたワークを通じて自分の強みを見つけられたら、その力を大切に伸ばしていきましょう。

行動しながらやりたいことを見つける

「自分がやりたいこと、好きなことって何だろう?」と思っている人は少なくないと思います。

特に学生の方から相談されますが、経験が浅いうちからやりたいことや好きなことを見つけることはほぼ不可能で、10代の頃からやりたいことが明確な人のほうが珍しいでしょう。

だから、「やりたいことや好きなことがわからない」ことに不安を感じる必要はありません。

あなたは、おにぎりの具は何が好きですか?

人によって、おかか、鮭、梅干し、ツナ、たらこなど、異なる答えがあるかと思います。

ではこの質問を、おにぎりを食べたことがない海外の人に聞いたらどうなるでしょうか？「わかりません」という答えが返ってくるでしょう。

これはつまり、「食べたことがある味の中からしか、好きなものは答えられない」ということです。

やりたいことや好きなこと探しも、これと似ています。

味見してみないとわからないのです。

私は、ずっと「人生の目的って何だろう？」「自分は何がしたいんだろう？」「何が一番向いているんだろう？」ということを学生のときから真剣に考えてきました。

いろいろと勉強したり、アルバイトをしたり、就職して仕事をしながら、ようやく20代半ばのときに「これだ！」という今の志事（仕事）と出逢いました。そんなふうに、私も自分が本当にやりたいことを見つけるのに10年くらいかかっています。

ですから、**一人で考え込まずに、どんどん行動して、経験を積み重ねてみてください。**アンテナを張りながら、いろいろなことを経験したり、いろいろな人に会ってみたりして、**感じる必要がある**のです。

よく耳にする「やりたいこと探しの旅」はあまりお勧めしません。「やりたいこと探し迷子」にならないように、探している間は、**今目の前にあることを１つ１つ真剣に取り組む**ことが大切です。

案外、真剣に取り組んでいたら好きになった、やりたいことになっていった、ということもあります。

今に集中し、行動を続けることで、道は開いていきます。

健康づくりや知識・スキルに自己投資する

自分の支出の内訳を見つめて、「浪費」が多く感じた場合、何かが原因でストレスを受けていることがあります。浪費をやめようとしても、ストレスの根本を取り除かなければ、浪費は続いてしまいます。

例えば、会社の人間関係がストレスの原因ならば、そのストレスを解消するために当事者との関わり方を変えてみたり、上司に相談したりするなど、根本的解決に取り組みましょう。

また、「消費」が削減できると感じたら、固定費を抑えてみます。

それらができたうえで、今あるお金をどう使うかが大切です。

「浪費」「消費」「投資」の中でも、豊かになりたければ、「投資」の比率を上げることです。一番リターンが大きい投資は、「自己投資」です。

自己投資は大きく分けて2種類、「健康への投資」と「知識・スキルへの投資」があります。

「健康への投資」については、第2章でお伝えしたような実践に投資することです。栄養価が高い食品や、良質な睡眠のための寝具や環境などに投資するという、健康寿命を高めることにお金を使うのです。

お伝えしたように健康は1日ではできず、コツコツ積み重ねていくことで得られていき、10年、20年経つと大きく周りと差が開いていきます。健康に投資せずに不健康寿命が長くなった人は、将来的に大きな損失が出てきます。

厚生労働省によると、65歳から84歳までにかかる医療費の平均額は1098万円です。実際に本人が負担する金額は年齢によって1~3割なので、平均220万円ほどと推計されます。これらはあくまでも平均額なので、病気によってはさらに医療費がかかる場合もあります。

例えばがんになり、入院治療した場合、治療1回につき3割負担で部位によりますが最低20~30万円はかかるといわれています。

さらに介護が必要になった場合、月の介護費用は平均8万円、生涯の総額費用にすると約５００万円以上といわれます。

病気もなく、介護が不要になった場合、ざっくりの計算ですが約７２０万円が浮いてくるということです。

40歳から84歳まで月に５０００円を健康に投資し続けても、45年でトータル２７０万円、月１万円だと５４０万円の投資です。**もしこれによって健康度が上がり、心と身体のパフォーマンスが上がるのであれば、よりお金が生み出せる自分となり、支出が抑えられるだけでなく、収入も上がる**でしょう。

愚痴祭りの飲み会や、削減すべき通信費や交通費で月５０００円〜１万円を使うより、健康に投資するほうがはるかに堅実です。支出と真剣に向き合うことで、それくらいの金額を捻出することは可能ではないでしょうか。

また、「知識・スキルへの投資」については、自分の夢実現に近づくであろう知識やスキルに投資することです。

最も手をつけやすいのは読書です。自分の職業に関わる本を複数冊読むだけで、周りと圧倒的な差がつきます。

私が改めて不動産業に関わろうと思ったときに、「まず業界に関する本を100冊読んでください」と成功している経営者に言われて、「それが当然だよな」と思いました。

どんどん成長し、成功していく人は、本を読んでいることがほとんどです。100冊と言わないまでも、せめて自分の仕事に関する本を最低でも30冊は読みたいところです。

これからのAI時代を生き抜くうえで私が最も重要だと考えているスキルが、前章でお伝えしたような、人と信頼関係を築くスキルです。

コミュニケーションやコーチング、営業のスキルは必ず役に立つでしょう。どんなに時代が変わっても重宝されるスキルです。

特に営業スキルについては、ただモノを売る、ということではなく、相手のニーズを捉えたうえで、相手にとって必要なサービスや商品を提案する、という技術です。

もしも「私は営業が苦手です」という意識がある場合は、自分が得意だと思う仕事のスキルを磨くことから始めてみましょう。

事務処理かもしれないし、経理、総務、秘書、リーダーシップ、プレゼンテーション、マーケティング、クリエイティブなど、まだやったことがなくても、興味があるものはチャレンジして学んでみてください。

今、やってみたいと浮かぶことには、必ず意味があります。

私は住居学科卒業で、栄養学科の出ではありませんが、興味があったのでひたすら食や健康の学びに５００万円以上を投資してきました。

その結果、今の事業や周りの人を助けることに大いに役立っています。また経営者になってからは、必須となる営業とマーケティングについても学ぶようになりました。

投資をして学んだら、学んで満足するのではなく、それをアウトプットすることも大切です。アウトプットすることでインプットが定着しますし、それによって誰かの役に立てることが多いからです。

自分の身にもなって、誰かに喜んでもらえるなら一石二鳥です。気づいたらそれが仕事になっていた、という人もいます。

そして、ビジネスに活かしたいのであれば、「投資した金額の最低3倍は回収する」と決めましょう。その腹の括りかたや計画性が中途半端で、マネタイズできずに資金繰りがうまくいかなくなっている個人事業主の方をよく見かけます。

お金に苦しんでいるのに、いつまで経っても似たような自己啓発セミナーを中途半端な気持ちで受けているとしたら、即刻やめるべきです（こればっかりは「べき」です・笑）。

そのような状況に陥っていると感じた場合は、具体的にお金のつくりかたに直結する、営業スキルやマーケティングなどを学んでみましょう。

覚悟を決めてお金を出せば数倍になって返ってくる

10代の頃から自己投資を続けてきた私は、20代で気づけば収入よりも投資の額が上回っていました。要するに借金をしながら、自分のスキルや知識を高めるための自己投資をしていたのです。

どうして私が収入の目処が立っていない段階で、自己投資のために大きな借金をできたのかというと、50代の経営者から「若いうちの借金なんて、いくらでも取り戻せるから、どんどん借金しろ」と言われていたからです。

それを信じて借金を重ねた結果、資金繰りに苦労し続けていたのですが、結局は借金の額の50倍以上の回収ができているので、借金をしてでも投資を続けてよかったと、今では思っています。

私の成功体験が誰にでも当てはまるかどうかはわかりませんが、正直に言って、馬力のある人や集中力のある人、大成功を収めた人は、だいたい同じような道を通っているのではないでしょうか。

「若いうちの苦労は買ってでもしろ」とよく言われますが、「若いうちの借金は買ってでもしろ」と思える人は、成功をより早くつかめるはずです。

借金をして自分を追い込むことで腹を括れますし、若いときはお金はなくても時間はありますから、失敗したとしてもいくらでも挽回できます。

お金は取り戻せますが、時間は取り戻せません。

だからこそ、早いうちにお金を出して知識や経験に使ったほうがいいと私は考えています。

「じゃあ、若くない私はもうダメか」というのも違います。私の周りには、60代や70代からチャレンジして成功している人もいます。

だから、もしあなたも**「覚悟を決めて、投資して結果を出そう」と思えるのであれば、ぜひ未来の自分に向けて投資してほしいのです。**

本当に自分がやってみたいもの、自分が好きなものを仕事にするということは、はっきり言って甘くはありません。

そのため、多くの人が「きれいごとだ」「うまくいくはずがない」とたしなめるのですが、そういう人たちは、自分が好きなことを突き詰めて最後までやったことがない人たちです。

もし、そうした人の言うことを真に受けて、自分の夢を自ら諦めてしまうことがあるのなら、話を聞く人を間違えています。

うまくいっている人も必ずいますので、その人たちの言葉に耳を傾けましょう。

ただ闇雲にお金を出せばいい、借金をすればいいわけではなく、お金を出したなら真剣に取り組みます。**「投資した金額の最低3倍の元を取る」など、自分で納得のいく回収額を設定する**のがお勧めです。

潜在意識のセミナー講師として独立しようと決めた25歳の私は、見切り発車で会社を辞めた結果、それから5年間も経済的に追い詰められました。先ほどお伝えした収支計算や、営業・マーケティングを学ぶことをせずに、事業計画もないまま、ただ闇雲に行動し続けたのです。

最近は「自分の好きなことを仕事にしたい」という気持ちで、過去の私のように、収入の目処が立たないまま、いきなり会社を辞めて独立しようとする人も多いようです。

その度胸は素晴らしいのですが、ある程度の収入の土台がなければ、気持ちが不安定になり、お金の不安に振り回されてしまうこともあるでしょう。実際にそんな人をたくさん見てきました。

そんな方に私がアドバイスさせていただくのが、**「必要最低限の金額を明確にして、その収入を得るために、時間の融通がきくアルバイトなどをしながら、好きなことで収入を着実に得ていく」**ということです。

これが一番心の安定する、現実的で堅実な方法だと思います。

好きなことで得る収入が、アルバイトの収入を超えて、「もう大丈夫そうだな」と思ったところでアルバイトを辞めたらいいのです。

実際に、私もすぐにお金が回らなくなり生活ができなくなったので、5年間はアルバイトに助けられていました。

ボランティアでは自分も周りも豊かにできない

私のやりたいことは、潜在意識と人間の無限の可能性を伝え、人が本当に信頼し合い、応援し合える場をつくることでした。

そのために手探りでセミナーを始めたのですが、幼少期から根づいた「お金を受け取ってはいけない」という思い込みがあったために、高額のお金を受け取る気持ちになれませんでした。

会社員のときは、ありがたいことに黙っていても給料をいただけたのですが、自分で事業を始めたときに、自分の仕事の対価として、目の前の人のお財布からお金をいただくことができなかったのです。

当初、セミナーの初参加者は１０００～２０００円、リピーターは５００円といった価格設定でした。「私は素晴らしい社会貢献をしている」という崇高な気持ちでいました。

しかし、それでは生活なんて成り立ちません。どんどんかさむ借金に違和感を覚えてきました。

「私が知っている、お金の法則やエネルギーの法則で考えたら、人のために貢献していればお金が勝手に入ってくるんじゃなかったの？」

「愛の気持ちで生きているし、世の中に貢献しているのに、私はどうしてお金に苦労しているのだろう？」

そんな疑問が湧き起こりました。

その時期、Facebookに「月に100万円稼げるようになりました」という起業塾の広告がたまたま出てきました。私はそういう広告をはなから胡散くさいと敬遠していました。「稼ぎについて公にする人は、はしたない」「金の亡者だ」とも思っていたのです。

それまで、起業塾にも何度か参加したことがありましたが、思った成果が出せずに「どうせ起業塾なんて行っても意味がない」と信じていました。

お金に恵まれていない人は、稼いでいる人を批判しがちです。そして、稼げない理

由を環境のせいにしがちです。まさに私もそうでした。

特に、**知らない世界や自分の価値観に反する環境は、誰しもが否定したくなります。**ほとんどの人が、嫌だなと思う人や場所に近づいたり、知ろうとしたりはしないでしょう。

ですが、一歩その**苦手な人や環境に近づいたり、新しい世界に飛び込んだりすることで、可能性が開かれる**のです。

私の場合、たまたま好きな友人がその起業塾の講師と仲が良く、ご縁があって起業塾の説明会に行くことにしたのです。

それまでの私は「ビジネス」や「お金儲け」に抵抗感が強かったのですが、その講師は人に貢献したいという想いが強く、「ビジネスは社会貢献でなければならない」ということを泣きながら伝えてくれました。その姿を見て、「この人から学びたい」と意識が変わったのです。

その起業塾は100万円したのですが、何度もクレジットカードを使ってはリボ払いで返済していた私のカード利用枠は広がり続け、たまたま同額100万円を決済できることがわかりました。

その時点で私には350万円以上の借金があり、毎月苦しんでいましたが、ここから脱するにはさらに腹を括るしかないと思い、後には引けない気持ちで震えながら100万円を決済したのです。

そこからは「絶対に成果を出す！　出せないと死んでしまう」くらいの気持ちでした。

成果を出すために関係のないことはすべて手放し、最前列で授業を受け、質問があればすぐにして、出された課題の3倍の量を光の速度でこなしました。

そこで初めて、20〜30万円くらいの高額商品をつくる、という課題が出たのです。

それまで1000円ほどの価格でセミナーをしていた私は怖気づきました。「お金を受け取ってはいけない」という思い込みと向き合うときがきました。

なぜそう信じてきたかというと、「高いお金をもらうと嫌われる」とか「お金をたくさん持ってはダメだ」と感じる経験が過去にあったからです。

しかし振り返ってみると、次のようなことに気がつきました。

今まで私は１０００円、２０００円といった、いわば良心的な価格で３００人以上にセミナーをしてきましたが、それで人生が劇的に変わった人がどれくらいいたかといえば、なんと誰もいないのです。

内容については自信がありました。ではどうして誰の人生も変わらなかったのかというと、その理由の１つとして、セミナーの受講料が安すぎたことが考えられます。

人は、自分が投資した額の分しか受け取れないのです。

私はそれまでに借金を重ねて、多くの学びを受けてきて、さまざまなことを習得してきたつもりです。

その総まとめとして、さらに借金を重ねて崖っぷちの状態でビジネス講座を受講するのですから、私は死ぬ気で吸収するしかないのです。振り返ると、そのくらい真剣な気持ちで受講していました。

逆に、私が受講したそのビジネス講座が仮に１０００円とか２０００円といった価格だったら、そこまで本気で取り組んでいたかというと疑問が残ります。

ということは、私がそれまでやっていたセミナーも１０００円、２０００円という金額から、もう少しでも緊張感のある価格に設定していたら、受講者も本気で受けたと考えられるでしょう。

私自身も、受講者に対してもっと本気で関われたはずです。正直、1000円、2000円というと、どうしてもボランティアのようなノリになってしまいがちです。そんな調子でセミナーをしても、受講者から非難されることはほぼありません。

しかし20〜30万円のセミナーとなると、そうはいきません。受講者は絶対に結果を出そうと思って気合いを入れてきますから、講師も本気でぶつかっていく姿勢が必要です。

1000円セミナー時代の私は、もしかすると金額の安さに逃げていたのかもしれないと思いました。

20〜30万円の単価でやると決めたときに、受講者の人生に本気で関わろう、本当に腹を括ろうとようやく決意できたのです。

つまり、**お金を受け取ることは、自分と相手の腹括りのためでもある**のです。

お金は「回す」ことに意味がある

「高いお金を受け取ると嫌われる」と思い込んでいましたが、ある程度の金額を受け取ることで相手は本気で取り組めるわけですし、「嫌われるかどうか」はこちらの姿勢次第で、金額は関係がありません。

また、受け取ったお金は、お客様へより良いサービスを提供するための〝仕入れ〟にもなります。

会社のお金は、経営者が勝手に自分で使っていいものではなく、従業員のための給料として使われたり、事業のための設備投資に回ったりして、再び社会に還元されるものです。つまり**お金とは、社会から一時的に預かっているもの、借りているものとも考えられます。**

それから私は、「お金は目の前の方から搾取しているものではなく、いったん借り受けているものだ」と捉えられるようになり、気持ちが楽になりました。

例えば、その人が100万円を私に払うということは、その100万円は私が一時的に借りているだけなのです。

私はその100万円をどこかに回したり、どこかからサービスを受けたりすることで、価値を循環しているのです。

お金が社会の中で移動することで、皆が幸せになるという考え方です。

だから、お金は相手のために、一時的であっても受け取らないといけないし、「いただいたお金は、またどこかで人のために使う」という発想を持てれば、お金にアレルギーのある人も受け取れるようになるでしょう。

お金を受け取り、それをどんどん回していくことで循環させると、**幸せにできる人の数も増えていく**のです。

ビジネス講座のために100万円支払った後、さらに私の借金は増え、450万円を超えていました。

しかし幸いにも講座の課題の中で、単価を上げた商品設計を学び、潜在意識のコンサルティング事業をスタートすると、初月に借金と同額の売上を立てることができました。

その後、私はその売上をどうしたかというと、借金を返すのではなく、当時受け持っていたクライアント様や、未来のクライアント様にサービス提供するための投資に回したのです。

もちろん、毎月の返済金には充（あ）てていましたが、全額は返済しませんでした。私は借金を完済するよりも、新しいビジネスの学びに投資したのです。

具体的には、営業の次に、マーケティングを勉強したいと思いました。ビジネスは、商品さえ持っていれば、あとは営業とマーケティングスキルがあればほぼ成り立ちます。

私は先のビジネス講座で主に営業を学びましたが、マーケティングは学んだことがありませんでした。より多くの人に自分のサービスを知っていただくための技術を磨くために、お金を使うことにしたのです。

すぐに、１２０万円するＳＮＳマーケティングの講座に申し込み、勉強し始めました。１２０万円というのは前の講座よりも高額ですが、ローンを組めば月額12万円で受けられたので、再度、腹を括って申し込みました。

本気で学んだスキルの実践を継続したところ、少しずつInstagramを使ってサービスを知ってくださる方が増え始め、傍らで継続していたYouTubeの数字が、8ヶ月経過したときにいきなり伸び始めたのです。

それだけ続けられたのは、私が結局、SNSが好きだったからです。集客のためだけというよりは、今いるクライアント様に喜んでもらうためにも動画を残しておこうと思いました。

例えば、「今日、クライアント様とこういう話をしたから、このトピックで動画を残しておきたい」といった感じです。動画を3分で撮って、YouTubeに溜めていきました。それを続けていたら、YouTubeが認知されるようになり、人が集まり、お金も集まるようになりました。

誰かの悩みは、別の人にとっても悩みであるはずです。

目の前の人の悩みや課題に貢献しようという気持ちで、ほかの人の問題解決になるように行動したのです。

それを継続した結果、YouTubeチャンネルやオンライン講座の事業が、みるみるうちに成長していきました。

私は自分が成長してお金が入ってくる前の段階で、何度もお金が出ていきましたが、これはほかの成功者にもつながる法則です。

知り合いの経営者や仲間に聞いても、**大きく成長した人は、その前に何か大きな投資をしていました。**

例えば、店舗を運営している人であれば、新しい店舗を出すのに銀行からお金を借ります。だから、大きいものが入ってくる前には、大きいものが出ていきます。

お金がなくて苦労していた私の過去を振り返ると、570万円ほどの借金から、その翌年に3億円以上の売上になるなんて信じられません。

570万円が3億円になるということは、50倍以上です。570万円が3億円になる投資は、自己投資か事業投資くらいしかないと思いませんか？

もし、**今あなたがこの本の中身に沿って自己投資を始めているとして、いずれその額の50倍のお金が入ってくると想像してみてください。**

それだけでワクワクしませんか（笑）。

これはエネルギーの法則として考えても、当てはまります。**お金が入ってくるためには、まずお金を出す（投資する）、エネルギーを出すこと**です。

後述しますが、お金を出したときに「お金が出ていく」と思っていたら、本当に出ていく一方になってしまいます。

有形物にせよ無形物にせよ、お金を出したとき、それによって得られるものが必ずあって、自分に残るものがあるはずです。それを使って、自分の強みを伸ばすことにつなげて人に貢献できれば、お金は入ってくるのです。

お金は活用するからこそ、増えるのです。

私はそういう感覚になってから、お金が巡るようになりました。

そもそもお金は持っているだけではあまり意味がありません。使ってこそ活きるものです。

将来の不安のためにお金を溜め込んでいる人もいるかもしれませんが、ただ貯金しているだけでは、物価が上昇していく時代においては、お金は目減りする一方です。

これまでに述べたことをまとめると、まず、**お金は人が連れてくるものですから、人間関係がしっかりできていれば、しっかり回るもの**です。

また、目の前の人を喜ばせることができれば、必ず口コミが起こります。極端なことをいえば、**集客をしなくても、目の前の人を喜ばせることができれば、その人がお客さんを連れてきてくれたり、「この人、いいよ」という口コミが起きたりして、ビジネスがうまく発展します。**

私は集客について専門的に学んでいろいろなテクニックも知っていますが、集客の本質はそこにあると思っています。

自分から宣伝していくよりも、「この人、いいよ」という自分以外の人の口コミで良い評判が広がっていくほうが強力です。

もし、目の前の人を喜ばせることができなければ、リピートしてもらえず、関係性は一時的で終わってしまいます。すると何度も何度も、集客しなければならなくなるのです。これではどうしても限界が出てきます。

営業や集客で一時的に売上を上げることは小手先のテクニックでもできますが、永続的に一生涯豊かになっていこうと思ったら、「人持ち」を目指すことが最も本質的

なのです。

自分はどういう生き方をするのか、人との信頼関係がしっかりしているか、支持してくれる方がどれぐらいいるか、というところにフォーカスしていけば、足を踏み外すこともなく、拡大していく一方になります。

それは一言で言えば「人間力」。人間力が一番大事です。

「お金がない」を言い訳にしない

「いつか、こういうことをしたい」と言う人がいます。

それが大きな夢ならいいのですが、小さなことだったら、すぐにやってしまったほうがいいです。

例えば、「いつか料理教室に行きたい」と言う人がいるとしますが、それくらいだったらすぐに行けるはずです。

多くの人は、将来のことについて「これが整ってから」とか「あれが整ってから」などと言って先延ばしにしがちです。でも、それではいつまで経っても実現しません。

やりたいことを実現するためには、まず、**するということを決めて、それから状況を整えていく**のです。これが、自分で現実をクリエイトしていくということです。

「いつか」ではなくて、「今やる」ということを選択するのです。

また、「お金がないからできません」というのはできない理由になりません。本当にしたい人は、意地でもお金を引き寄せます。

私が知っているケースでは、例えば、お子さんが3人いる女性がエステの開業スクールに行くために、300万円のお金を必要としていました。どうしても行きたかったので、周りに協力を仰いだり、あるものをすべて売ったり、保険を解約したりして、なんとかお金をかき集めたそうです。

結果、その人は無事にエステの開業までこぎつけ、その後、大成功を収めたといいます。

「いつかやりたい」「お金ができたら」という人は、行動を放棄しているだけで、本気でやると決めていない人です。

誰だってお金はある程度、捻出できます。

私は借金をしましたが、「やる」と決めたら、モノを売ったり、身内にお願いしたり、クラウドファンディングでお金を集めたり、できることはいくらでも思いつくものです。それが思いつかないという人は、「自分にはお金がない」という思い込みに囚われすぎています。

実際に、「お金がない」という人に貯金の額を聞いてみると、「100万円あります」という答えが返ってきて、「いや、あるじゃないですか！」という話になったりもします。そういう人はいくらお金があったとしても、今あるお金に目を向けず「お金がない」と言いがちです。

「お金がない」ではなく、「お金はある」と意識を変えれば、お金がある状況に整っていくのです。

お金だけではなく、「自分には能力がない」「時間がない」と、「ない」部分にばかりフォーカスしていると、さらにない状況を引き寄せてしまいます。

自分の好きなことであれば、能力なんていくらでもついてきます。時間もつくろうと思えばいくらでもつくれます。

自分の力だけではどうにもならなかったら、周りの力を借りる手もあります。

子どもを育てている女性起業家のほとんどは、育児や家事に関して、周りから応援してもらっています。

現実を変革できる人は、言い訳をしません。

本当にあてがなくても「やります！」と言って、駆けずり回ってなんとかして、達成します。

そうして自ら現実を切り拓いていく人には、どんどんお金が巡ってきます。

また、**「お金がない」が口癖になっている人で、幸せそうな人をあまり見たことがありません。今あるお金に感謝せず、今に不満を漏らしている人ばかりです。**

今こうして本を読めて、服を着ることができて、生きていられるということは、それができるお金はあるということです。

「お金はある」と一言口に出してみると、現実の見え方が変わり、すぐに豊かな気持ちを味わえるようになります。

今よりお金を引き寄せたいのであれば、まずは今あるお金に意識を向けて感謝することが大切です。

実際に、「お金がある」を口癖に変えた方で、臨時収入があったり、給料が上がったり、人からお金をもらったりしたという報告はたくさんあります。

お金を支払うときの心得

「お金がない」を「お金がある」に意識を変えることと同時に、もしあなたが**お金を支払うときに「お金が出ていく」と残念な気持ちになっているとしたら要注意**です。

「あぁ、お金がまたなくなった」「どんどん減っていく」と、お金が減ってなくなるほうに意識を向ければ向けるほど、面白いくらいにお金がなくなっていきます。

借金の返済に追われていた頃の私も、毎月の支払いでやっとで、毎月ヒヤヒヤしながら返済していました。

そこからどのように意識を変えたのかというと、**出ていくお金ではなく、そのおかげで得られているサービスやモノに意識を向けて感謝した**のです。

出ていくモノではなく、入ってきているモノに意識を向けます。

「家賃を払ったから、この家に住めている、ありがとう」

「水道光熱費を払ったから、水も電気もガスも使えている、ありがとう」

「食費を払ったから、食事ができている、ありがとう」
「そして何より、支払いができている自分に、ありがとう」
といった具合です。

また、お金を出すときは妥協してはいけません。

今、Aという商品が欲しいけれども、値段が高いので迷っている。一方で、Bという商品はAと似ていて値段が安く、ただし品質は劣るとします。

本当に欲しいのはAだけど、お金もないし、とりあえずBにしようというのが妥協です。こうした妥協の買い物は極力避けましょう。

本当に「欲しい!」というものにお金を出すことです。

例えば、スーパーの野菜で考えてみてください。野菜の棚にちょっとだけ高い、おいしそうな野菜と、ちょっとだけ安い色あせた野菜があるとします。

どっちが欲しいかといえば、ちょっとだけ高い野菜です。そのときに、自分の心に従って、ちょっとだけ高い野菜を選ぶ。こうした小さな心の選択を丁寧に積み重ねることで、気持ちが豊かになり、実際にお金も巡ってくるのです。

もし、どうしてもお金がなくて、ちょっとだけ安い野菜を選ばなければならない状況だとしたら、妥協して買ったと捉えるのではなく、気持ちを切り替えて「これがベストな選択だ」と思うようにしましょう。

せっかく買うのであれば、「ありがたい」「うれしい」という気持ちで手に入れることがとても大事です。

ただ理想は、やっぱり妥協して買わないことです。

何でもかんでも１００円ショップで買わない、というのも１つの心構えです。

質にこだわりのある製品を買ってみると、やはりとても使いやすくて感動するので、使うたびに豊かさを感じます。

１つ１つ自分の心に素直になって買うものを選ぶと、本当に欲しいもの、思い出のあるものに囲まれ、豊かさを感じられるようになるのです。

未来に向けて収入の柱を増やそう

ベストセラー『金持ち父さん貧乏父さん』（筑摩書房）の著者、ロバート・キヨサキ氏は収入を得る4つのタイプを示す「キャッシュフロー・クワドラント」という考え方を提唱しています。これは、世の中の働き方を収入の得方で分類したものです。

4つのタイプとは、従業員（Employee）、自営業者（Self-employee）、ビジネスオーナー（Business owner）、投資家（Investor）です。

従業員（E）は、会社に雇われて収入を得る人です。会社員、アルバイト、パートなど、世の中の人のほとんどがここに当てはまります。

自営業者（S）は、会社に雇われることなく個人で収入を得る人です。士業やフリーランス、開業医やスポーツ選手などが当てはまります。

EとSの収入は、自分の時間を切り売りする「労働収入」です。

収入を得る4つのタイプ

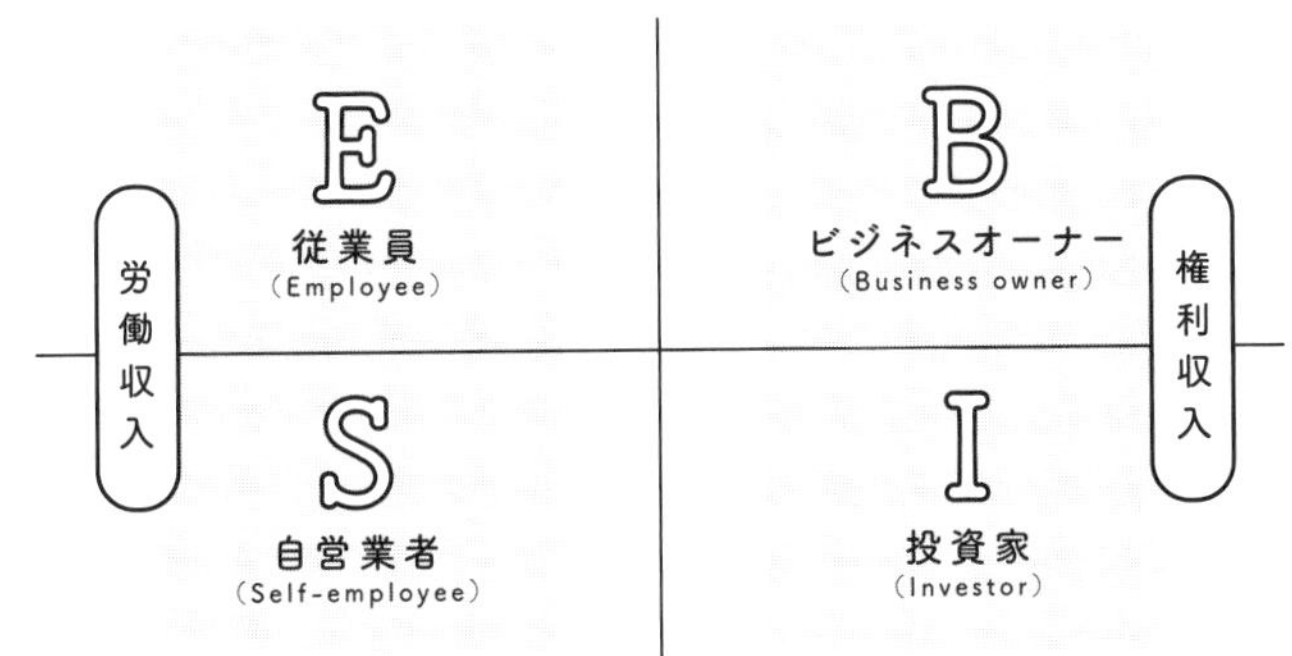

**左側は自分自身の時間を切り売りして稼ぎ、
右側は人あるいはお金に働いてもらって稼ぐ**

ビジネスオーナー（B）は、お金を生み出す仕組みを持ち収入を得る人です。経営者などが当てはまります。

投資家（I）は、お金を働かせて収入を得る人です。事業投資家、金融投資家などが当てはまります。

BとIの収入は、人（あるいはお金）に働いてもらう「権利収入」です。

上の図の4象限の中で、左側（E・S）と右側（B・I）とでは大きな違いがあります。

左側は自分自身の時間を切り売りすることで収入を得ており、右側は人あるいはお金に働いてもらい、自分自身

の時間を売らずに収入を得ています。

左を労働収入、右を権利収入と呼びます。**世の中の約9割の人が労働収入で暮らし、権利収入を得ているのは1割未満**だといわれています。

さらに、**世の中の富の約9割はビジネスオーナー（B）と投資家（I）が所有し、残りの1割を従業員（E）と自営業者（S）で分け合っている**ともいわれます。

もちろん、両者の間に優劣があるというわけではありません。

しかし、**労働収入だけに頼り続けることには、少なからずリスクも生じる**ことを知っておかなければなりません。

自身の健康を損なったり、家族の介護が必要になったりして働けなくなり、収入が途絶える可能性もゼロではないからです。

労働収入を得るなら、まず大前提として、心と身体が健康である必要があります。「幸せの三角形の土台は健康である」と何度もお伝えしてきたのは、こういう理由もあるのです。

もしお金がなくなったり、人間関係が一度崩れたりしても、心身の健康があれば、なんとかなるものです。

ただしどんなに健康でも、定年になったり、世の中が変わって自分の仕事がなくなったりすると、労働収入が途絶えるときがきます。

以前に、老後2000万円問題のニュースが騒がれましたが、老後になってから慌てても遅いのです。また、コロナ禍で世の中の人の動きが止まった時期に、労働収入だけに頼っていた方の多くが苦しまれていました。

健康と同様、お金に関しても、不測の事態に備えて早いうちから準備をし、**従業員（E）や自営業者（S）としての労働収入だけでなく、ビジネスオーナー（B）や投資家（I）としての権利収入についても、自分が目指したい未来や得たいものに向けて、少しずつでいいので学び、行動していくことが大切**です。

まず、会社員やアルバイトで収入を得ている従業員（E）の方が、**それ以外の収入を得る第一歩は副業**でしょう。現在は副業をする人が増えています。

どうして副業の時代といわれるようになったのかというと、世の中の変化のスピードが速くなり、少子高齢化などの社会問題が山積みなので、会社は従業員の生活を守れない、国も国民の生活に責任を持つことができない時代だ、ということなのです。

そのため、1つの会社に依存せず、複数の収入の柱を持つ意識も大事になります。副業に取り組むことによって、スキルアップし、本業の成果が上がる方もいます。インターネットが発達した現代では、自分のモノや特技を売って、自ら収入を得ることが簡単になりました。

一番ハードルが低く始めやすいのが、不用品をネット上で売ることです。フリマアプリを使うことで、誰でも気軽にできます。例えば「ココナラ」というサイトでは、イラストやライティング、翻訳、ウェブサイト制作、動画制作など、自分のスキルを知らない人に売ることができます。

これらの収入は、自営業者（S）としての収入です。従業員（E）としての収入しか得たことのない方が、自営業者（S）としての収入を得ようとするのは、最初は勇気がいるかもしれませんし、思ったように出品したものが売れないこともあるかもしれません。

初めて自営業者（S）としての収入を得ようとするときに大切なのが、買い手の目線に立つことです。

どんな写真だったら欲しいと思えるか？
どんな紹介文だったら安心して購入したいと思えるか？
どんな商品名だったら人の目を引くのか？
そうした、従業員のときにはあまり考えなくても済んだことを、たくさん考える必要があります。**ビジネスの基本は、お客様の目線に立って考えるということです。**

従業員（E）でいると、勤務時間に与えられた仕事をこなせば給料をもらえるので、「どうしたらお客様に喜んでもらえるか」という意識が低くてもなんとかなります。

これがいわゆる、**雇われマインド**です。**このような意識のままでは、これからの時代にはAIやロボットに代替され、仕事が与えられなくなるでしょう。**

あらゆる分野にAIが進出していく中で、本当に自分が**経済的に自立していくためには、受け取る側ではなく、与える側に立たなくてはなりません。**

与える側に立つには、受け取る側がどういう視点で見ていて、どうしたら選ばれるのかという視点を持つ必要があります。

そういう視点は、従業員（E）としての仕事よりも、自営業者（S）に近い仕事のほうが身につきやすいのです。

そのため、**自営業者（S）としての収入を得ることへのチャレンジは、従業員（E）の人にとって大きなスキルアップになる**でしょう。

長年、従業員（E）としての収入の得方しか経験していなかった人が、いきなり自営業者（S）の収入を得られるようになることはほぼなく、ほとんどの人が最初は苦労すると知っておいたほうがいいでしょう。

従業員（E）と自営業者（S）では、マインドが真逆だからです。

これは従業員（E）と自営業者（S）に限ったことではなく、ビジネスオーナー（B）や投資家（I）も、それぞれのマインドがまったく異なるため、ほかの収入の得方をしようとすると、多くの学びと時間が必要になることがほとんどです。

「最初からうまくいかなくて当然だ」と知っておくことで、気が楽になると思います。気長にコツコツと学び、自分のペースでもいいので、少しずつ実践していきましょう。

経済的自由を得る人は、誰もが自営業者（S）やビジネスオーナー（B）、投資家（I）としての収入を増やしていっています。

さらに、**経済的自由だけでなく、時間的自由も得ているのは、全体の1割未満であるビジネスオーナー（B）か投資家（I）のみ**です。

ロバート・キヨサキ氏の本を私に紹介してくれたのは、大金持ちの家の同級生でした。

彼は、親が投資した都内の一等地タワーマンションの高層階に一人暮らしをしており、「このキャッシュフロー・クワドラントについて、昔から両親が話してくれていた」と教えてくれました。そのとき、豊かな人はこの考え方を当たり前のように持っていることを知りました。

労働収入の問題点は前述したように、自分の身体を動かした対価としてお金を得ているので、自分や家族が倒れたり病気になったりして働けなくなると、収入を得られなくなる点です。

だからこそ、労働収入だけを得ている人は、収入の一部を貯金したり、投資に回したりして、権利収入を得るための勉強をするなどの対策を講じる必要があります。

私は運良く21歳のときにこの話を聞いて、収入は一本の柱だけでは危険だと知りました。

それから、潜在意識のコーチングに加え、YouTubeでの広告収入、本の出版、オンライン講座の販売、商品アフィリエイト、イベント企画など、自分の強みに合ったお仕事で、収入の柱を増やしていきました。それらはほぼすべて自営業者（S）の収入の得方でしたが、後から商品流通の仕組みをつくって自動化したり（ビジネスオーナーB）、稼いだお金を投資に回したり（投資家I）していきました。

今では、10年前の私が「36歳には労働時間から解放されて、経済的・時間的に自由な生活を送る」という、設定した通りの目標が達成されています。

繰り返しますが、労働収入がダメだというわけではありません。

「自分はリスクを取りたくないし、決まった時間に会社に行って、誰かが与えてくれる仕事に徹することが好きだから、従業員（E）の働き方がいい」という人もいることでしょう。そう思うのであれば、その気持ちを尊重してください。

そのうえで、未来に対して収入の柱を増やしたいと感じたときに、どの増やし方が自分にとって望ましいかを明確にしてみてください。

大きな収入の分類は4つですが、実際には多くの収入の得方があります。いろいろな得方を知り、まずは興味のあるものから学んでみることが最初の一歩です。

自分にとって理想の生き方をしている人が、どんな収入の柱を持っているのかを調べたり、教えてもらったりすることもお勧めです。

どんな時代やどんな年齢になっても、笑顔あふれる豊かな毎日を送るために、ここまでの心身の健康、人間関係、お金についての内容を着実に積み上げていきましょう。

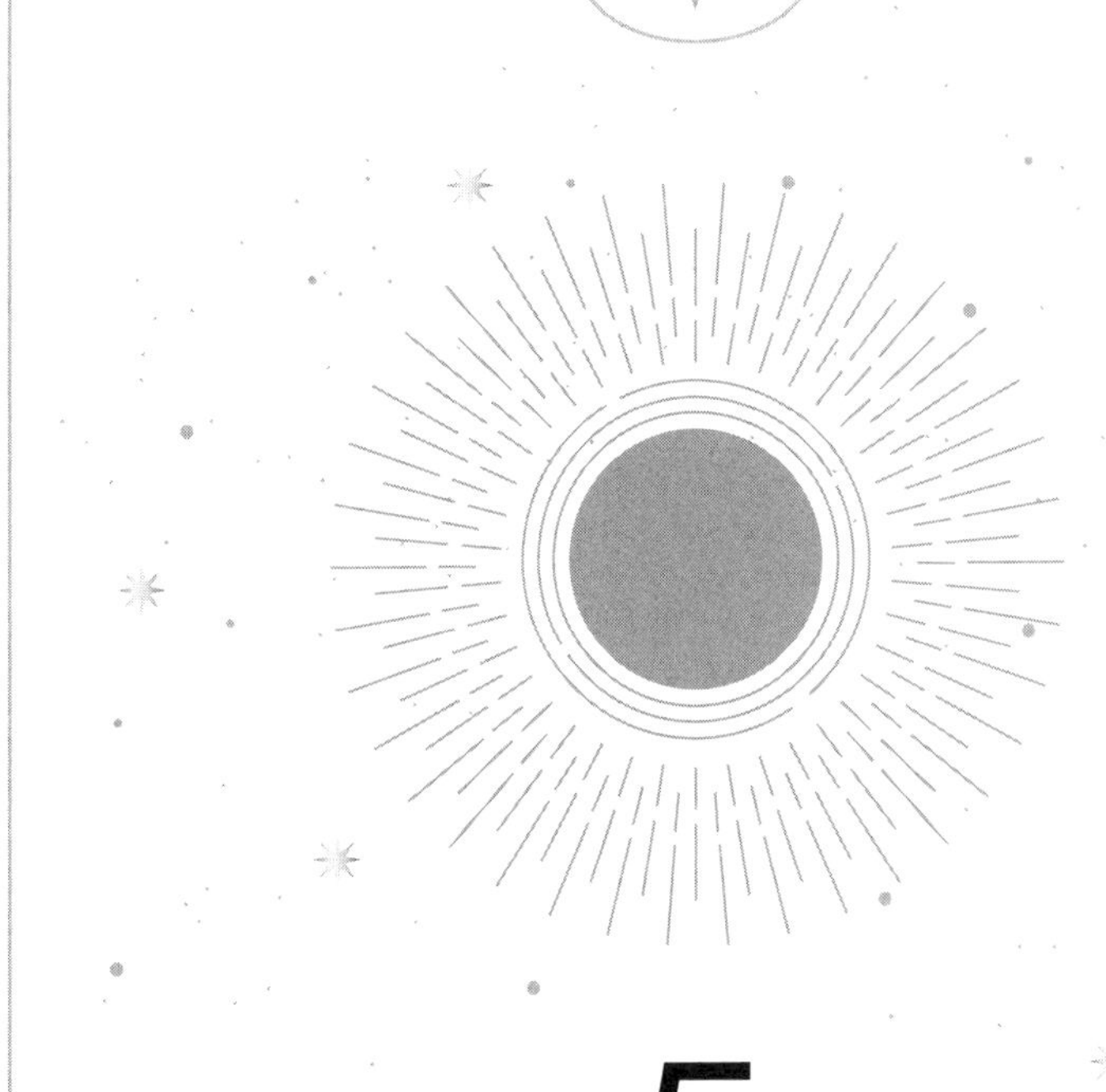

第5章

「幸せの三角形」を実現させるために

定期的に望むものを見返そう

ここまで、心身の健康、人間関係、お金を大事な順番通りに手に入れるために、多くのことをお伝えしてきました。

「え〜、Ｈｏｎａｍｉさん、こんなこと全部やってるの？」「こんなにたくさん無理です！」と、ここまで読んできて感じた方は、どうぞ安心してください。

私も全部を完璧にできているわけではありません！

何度もお伝えしてきたように、「完璧にやろう」としないでください。

理想の自分を描き、この本に書いてある今できることを、コツコツと、1つ1つ積み上げていくのです。

一気に読んで、いきなりすべてを吸収できるわけではありません。辞書のように何度も本書を開いて、振り返っていただきたいと思います。

人によっては、読んでいて初めて知ることもあったでしょう。まず知ることが大切なので、それだけでさらなる幸せに一歩近づいています。

少しずつ継続することで、第1章でご紹介したワーク③（52ページ）で挙げた理想が手に入り、それが一生涯、継続される自分になれます。

一生涯ですよ？ 最高じゃないですか？ 一緒に90歳になってもツヤツヤでパスポートを10年更新して、いつまでも愛する人と人生を満喫しませんか？（笑）

ワーク③は、何度でも取り組んでみてください。私も節目節目で取り組み、現状の把握と目標の設定に活用しています。

もしかすると、ここまで読んできて、物事に関する捉え方が変わることで、当初につけた点数に変化があるかもしれません。ぜひ見直してみてください。

この最終章では、**望む未来を叶えるために、ぜひ押さえておいていただきたい重要なポイント**をお伝えしたいと思います。

望む未来とチャンネルを合わせる

「幸せでいよう！」と思っても、世の中には、常にいろいろなことが起きていて、マイナスな情報に目を向けようと思ったら簡単にできてしまいます。

むしろ、そうした情報のほうがたくさん耳に入ってくるので、ぼーっとしているとマイナスな方向に流されていきます。だからこそ、プラスの情報を得ようと意識する必要があります。

マイナスな情報に目を向けてしまうのは、人間の生存本能です。命を守るため、危険を避けるために、マイナスの情報に対して敏感になるように、人間の脳は設計されています。

だからこそ、**日常生活でできるだけ美しいものや、素敵な人、明るいものに意識的に目を向ける**ことが大切なのです。特に、**あなたが得たい未来があるのであれば、そこに関する映像や情報を、常に目から耳から入れる**ことを意識してみてください。

私が潜在意識を勉強し始めたときに、とにかく**理想の未来を先に体験し、味わう**ことの重要性を知りました。

潜在意識に理想の未来を刻むためには、その未来を想像することが第一歩です。しかし、少しでも体験したり、見たりしたことがないと、想像することすらできません。

例えば、大学受験で理想の大学が決まったら、すぐにオープンキャンパスなどに足を運ぶのです。その大学に行きたいと思ったら、実際に行って体験しなければ、具体的にイメージすることができません。どうしても行くことが不可能なら、写真や映像を探して、イメージの材料にします。

そして、家の中に写真を貼ったりして、常に目に入れるようにします。布団の中で「ピンクの呼吸法」（１３５ページ）をした後に、実際にそこに通っているイメージをしながら寝るのです。

そのようにして潜在意識に願望を刻むことで、少しずつ現実が変わっていきます。

私が最近ハマっているのが、海外雑誌の『ＥＬＬＥ』のYouTubeチャンネルです。そこには、ハリウッドスターのインタビュー動画がたくさんあるのですが、そういう人たちは例外なく、自宅が大きく、おしゃれできれいです。

最近、私はずっとそれを見ていて、素敵だなぁと思っていました。海外の大きな家を見ることが好きで、いつかそんな家に住みたいと思っています。そのために、Pinterestという画像検索アプリで、ひたすら理想の家の画像を集めていました。

すると、そんな家に住んでいる人とお友達になれたり、そうした物件を見られるような機会を得たりしていくのです。そして、そんなお家に頻繁に招かれるようになりました。そのたびに「また理想の家に近づいている!」と、理想の未来が確実に近づいてきていることが確信づいてきます。そうしてワクワクすることで、さらに引き寄せが加速していきます。

そして先日、ある海外の大富豪の方のご自宅にお招きいただいたのです。

敷地面積がなんと5万平米。敷地の中には馬が9頭飼われていて、オリーブの木が2000本以上も植えられており、とんでもないスケールに顎が外れそうでした。まさに『ELLE』のYouTubeチャンネルに出てきてもおかしくないようなお家です。

実は前からその方のInstagramは常に見ていて、素敵だと思っていたのです。潜在意識に願望を刻んで半年後には、お友達になり、そのご自宅に宿泊していました。「日頃から望む世界にフォーカスすることは大切だな」と改めて実感した出来事でした。

何かに対して憧れて、常にそこに触れていたり、ずっとチャンネルを合わせたりしていると、気づいたら、そっちに向かっていくのです。

脳の仕組みが、そうなるようにできています。潜在意識では、他人と自分の区別がありません。潜在意識が他人のことなのに自分のことだと錯覚していて、自分はこういう人間なのだと脳が思い込んでいくわけです。

そうすると、日常生活の中での行動パターンが無意識に変わり、それによって現実がつくられていくのです。

その方のお家から帰国した私は、未来の理想の家のイメージがさらに明確になりました。すると、その2週間後に、まさに理想の土地に出逢ったのです。1年以上も土地を探していたのですが、帰国してすぐに出逢いがありました。

体験することの重要性が、ここからもわかります。まだ交渉段階でどうなるかはわかりませんが、近い将来に必ず、私の理想の家は現実化するでしょう。

「理想の幸せな人」にコミットする

ところで今、あなたの周りには、心から幸せそうな人がいるでしょうか？

もしいるとして、まさにその人があなたの理想とする幸せな人であるならば、その人と過ごす時間を意識して増やしてください。

あなたの周りにいる5人の年収の平均が、あなたの年収になるという話を聞いたことはありますでしょうか。私は、これは年収だけでなく、幸福度にも当てはまると思っています。

あなたの周りに愚痴ばかり言う人がいるとして、その人と過ごす時間が長ければ長いほど、気づけばあなたも愚痴を言う人になっていきます。

身を置く環境の中で、人的環境が一番あなたに影響を及ぼします。

だからこそ、**あなたの理想とする幸せに生きる人と、共に過ごす時間を増やしてほ**

しいのです。

私は25歳でそんな人に出逢えたときに、ほぼ毎日会いに行きました。会えないときは、会っているときに録っていた会話の音源を聞き流していました。

すると、考え方や行動パターンが、自分とまったく違うことに気がつきます。その人の在り方、考え方に毎日触れることで、自然と自分も似たように変わっていきました。

まさに「人は鏡」の法則で、幸せに生きている人の周りの人も、幸せに生きていることがほとんどです。そうすると、芋づる式で幸せな人たちに出逢えるようになります。

このようにして自分が身を置く環境を、理想の生き方をしている人の環境に変えていくのです。

理想とする人は、今の自分とは考え方やエネルギーが異なることがほとんどなので、もしかすると最初のうちは、その環境の居心地は悪いかもしれません。海外に住んだことのない人が、初めて海外で生活することになれば、最初は心地が悪いものです。それと似ています。

ですが、ずっと身を置き続けることで少しずつ文化や言葉に慣れ、気づけばすっかり馴染んでいた、ということは想像できるかと思います。

少し居心地が悪くても、理想とする幸せな人たちの環境なのであれば、そこにコミットしてみてください。気づけば似たような自分に変化しているでしょう。

特に、**自分の心身の健康度が低いときに、エネルギーが高い理想の環境に行くことはしんどく感じるかもしれません。そういった意味でも、健康度を高めることは大切ですし**、理想の人たちの環境ならば、しんどいときこそ触れ続け、その場のエネルギーに自分を慣れさせましょう。

「理想の幸せに生きる人が近くにいない」という人は、第3章でご紹介した「運命のパートナーに出逢う方法」(197ページ)の項を参考に、まずは自分が理想とする幸せな生き方を明確にしましょう。

そして、浮かんだことをすぐに行動に移していけば、必ずその生き方をしている人に出逢えるようになります。

SNS上ですでにそれに近い人を見つけているならば、その人が主催するコミュニティや講座に参加してみてください。そしてリアルで「直接」、その人のエネルギーに触れ、しっくりくるかどうかを確認することが重要です。

私は10代の頃からひたすらそれを繰り返すことで、自分の理想の状態を手にしてきました。

とにかく**リアルで理想の人に会い続ける**ことが、変化をもたらす近道です。

継続にモチベーションは不要

理想の人も環境も見つけてコミットし始めたとしても、いきなりその人たちと同じように変化できるわけではありません。

何度もお伝えしたように、健康も、習慣も、思考も、数日で変化するわけではなく、時間がかかるものです。

さらに、私たちが理想とするようにスムーズに、テンポよく成果が出るわけではないのです。それを表す図が「成功曲線」です。

最初から成果が目に見えるわけではないので、多くの人はブレイクスルーポイントがやってくる前に継続をやめてしまいます。

しかも、**この成功曲線は、拡大して見ると波線**なのです。

上がったり下がったりを繰り返しながら、ブレイクスルーポイントを超えたところから角度を変えて上昇、変化していきます。この図を知っておくと、気が楽になると

夢を叶えるための「成功曲線」

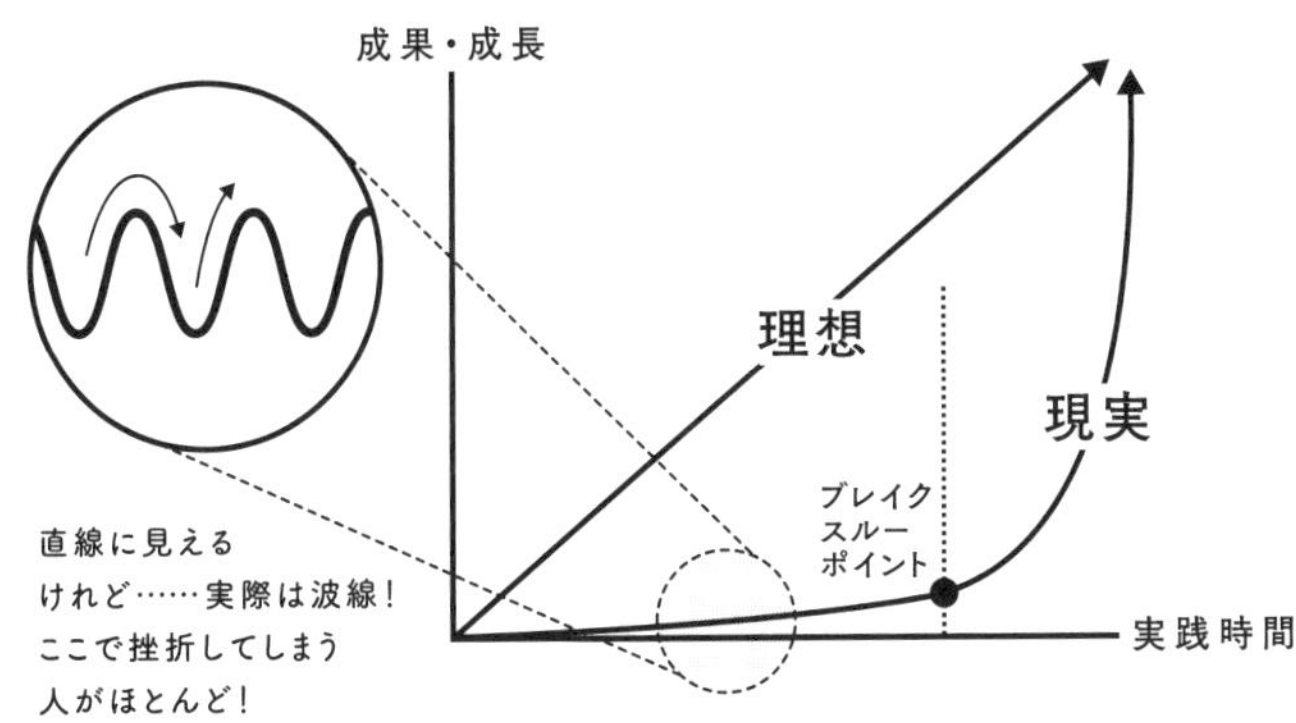

上がったり下がったりを繰り返しながら、ブレイクスルーポイントが来たところから角度を変えて上昇、変化していく

思います。

潜在意識の願望実現も、これに似ています。

理想の未来をイメージして、ワクワク毎日を過ごしていても、いきなり大きな夢が叶うわけではありません。ブレイクスルーポイントまでは、現実が目に見えて変わるわけではなかったりするのです。

あまりの変化のなさに、本当に夢の実現に向かっているのか、多くの人が疑い始めます。そうして、「何も変化はないし、やっぱり叶わないだろうな」と思い始めてしまいます。

すると、**今度はその疑う想いが潜在意識に刻まれていくので、せっかく最初に「夢が叶う」と設定したとしても、「叶わない」と潜在意識が上塗りされて書き換えられてしまう**のです。

これは本当にもったいないことです。

しかし、多くの人が無意識に、この思考パターンに陥ってしまっています。そしていつまで経っても夢が叶いません。

しかも、波線で現実に向かうので、一見「え!? 最悪!」と思うようなショッキングな出来事や、「これで本当に叶うの!?」と疑いたくなるような現実も創造されます。

だからこそ、**念押ししてお伝えしたいのが、月並みですが「一度夢や目標を設定したら、何が起きても諦めないで継続してほしい」**ということです。

一度潜在意識にしっかりと刻んだら、目に見える変化がなかったとしても、一見望まないことが起きたとしても、必ず現実に向かっていくのが、この世の法則です。

特にやめないでほしいのは、**「想いの継続」**です。叶えたい未来があるのなら、**「絶対にこの未来は叶う」と「信じることを継続する」**ということです。

私は、ある１つの事業で、１０００万人中世界1位の実績を上げたことがあります。これは、5年かけて達成されたビジョンです。

周りに目標を伝えたとき、「すごい目標だね」とは言われたものの、誰も本気でそれを達成できるとは信じていないようでした。

ですが私は、その事業との出逢いに衝撃を受けてから、自分なりに真剣に継続してきました。浮かぶことを黙々と行い、夢を語り、必要な助けを求めていたら、思いがけない形で達成されたのです。私のビジョンを数年前から聞いてきた人たちが、「本当に実現した！」と驚いていました。

周りからの批判や、嫌な出来事が起こるたび、もうやめてしまおうかと思うことが正直何度もありました。悔しくて泣いたこともしょっちゅうありました。

ですが、その事業に出逢ったときの震えるくらいの感動と、応援してくださっていた人たちへの感謝、そして「私がこの事業を通して世の中を良くする」と決断したことが、5年経ち、結果となって現れたのです。

大きく心が突き動かされて生まれた魂からの願望は、抱き続けて行動し続ければ、ベストなタイミングで必ず達成します。

周りになんと言われても、あなたの魂が望んでいるならば、その魂の声だけを信じ続けてください。

「Ｈｏｎａｍｉさんは目標達成に向けて、どのようにしてモチベーションを維持していますか？」という質問もよくいただきます。

私は、モチベーションを高く維持しようと思ったことがありません。波があるのが当然だからです。

自然界のものはすべて波でできています。上がったり下がったりが当然です。モチベーションもそれと同じだと私は思うのです。

想いの継続はしながらも、休みたいと思ったら休みますし、やる気がないときにはゴロゴロしてきました。もしかすると、息抜きや朝寝坊の回数も人より多いかもしれません。

しかし、想いの継続さえしっかりとあれば、休んだ後に、また自然と夢に向かって取り組んでいるものです。

もし、その描いた夢や目標が、自分自身が本気で望んでいるものならば、イメージするだけで楽しいでしょう。叶った状況をイメージしていると、ワクワクすると思います。

イメージすればするほど潜在意識に刻まれ、あなたの現実は、その実現に向かって動いていくのです。

このメカニズムが腑に落ちると、毎日が楽しくて仕方なくなるはずです。

頭に浮かんだひらめきすべてが、夢の実現に向かっているるとわかったら、行動したくてたまらなくなるはずです。

「行動しなければ」と無理に思う必要は一切ありません。

ただただ楽しんで、想いを継続し、浮かんだことを行動していくことで、理想の現実は叶っていきます。

とてもシンプルで楽しい法則です。

祖先に想いを馳せてみる

私が会社員を辞めて、潜在意識のセミナー講師として独立し、「心から幸せな人を増やす！」と決めた25歳の冬。

退社する3ヶ月前くらいのある日、たまたまFacebookで、『人は話し方が9割』（すばる舎）の著者である永松茂久さんが主催されていた、合宿イベントを見つけました。偶然、会社を辞める翌日に、まだ行ったことのない鹿児島で行われるイベントだと知った私はピンときて、詳細を確認しないまま申し込みました。

すると課題図書が与えられたのです。それは、特攻隊員に関する書籍でした。

鹿児島の南九州市に、知覧特攻平和会館があります。

第二次世界大戦末期の沖縄戦において、特攻という人類史上に類のない作戦で、爆装した飛行機もろとも敵艦に「体当たり攻撃」をした、陸軍特別攻撃隊員の遺品や関係資料を展示している施設です。

それまで、その存在を知らなかった私は、退社した次の日に、偶然足を運ぶことになったのです。


特攻は形式上、志願制だったものの、実際は「命令」だったという証言もあります。隊員は17歳から32歳、平均年齢は21歳。大切な人を守るために、命を捧げた彼らの遺書を、そこで初めて目にしました。

見ているうちに、複雑な気持ちになりました。太平洋戦争以降の日本は戦争に巻き込まれていません。本当にありがたく幸せなことです。

しかし、果たして今の日本は、特攻隊員の方に誇れる国なのかと、疑問に思ったのです。

それまで心身の健康について探求していた私は、調べれば調べるほど、今の日本人の健康問題や、それを取り巻く社会構造に疑問を感じていました。その最中、知覧を訪れる1週間前に、後輩が自ら命を絶ちました。

今、私たちは当たり前のように日々の生活ができています。

それでも、笑って過ごせていない人が多いのが、今の日本の現状です。

特攻隊員の遺書には、愛する両親や妹、伴侶など家族への感謝、そして「これからもどうか幸せでいてほしい」という気持ちがあふれるものばかりでした。

その空間に身を置きながら、特攻隊の方々から「君は幸せか」と尋ねられたと同時に、「日本を頼むよ」とバトンを渡された気がしたのです。

会社を辞めた翌日、「自分の事業を本気でやって、日本をもっと幸せな国にする」と、私は知覧でさらに腹を括りました。


そして、大学卒業間近の頃、キャリア設計スクールの創立者であった男性が、熱い最終講義をしてくださったのを思い出しました。


――大学の最後の1年間、君たちはどれだけ仲間のことを思えた？

仲間のためにという気持ちで、どれだけ熱く目の前のことに取り組めた？

どれだけ周りに与えることができた？

今の自分を誇りに思えるか？
〝最近の若者は〟っていう言い方をあまりしたくないけど、
昔の日本人は、もっと無条件に周りの人を大切にしていたよ。
僕は、君たちには「自分さえ良ければいい」と思って生きてほしくない。
自分のことを誇りに思えるような、立派な人になってください。

「大切な人、仲間を想う生き方をしてほしい」

そして、

「自分で自分を誇れるような生き方をしてほしい」

そんな力強いメッセージを受け取りました。その方はもうこの世にはいませんが、
本気の眼差しが、今も脳裏に焼きついて離れません。

自分では気づけていないとしても、私たちは今までも、そして今も、常に誰かに、
何かに守られて生きています。

今あなたがこうして生きられている原点は、どこにあると思いますか？

それは、あなたの両親です。あなたの両親の細胞によって、あなたの身体はできました。

あなたの両親の元をたどると、その両親、そのまた両親と、多くのご先祖様にいきつきます。

悲惨な戦争を経験して、生き延びた方々の命のバトンをつなぎ、今のあなたがいます。


本気で大切な人、国を守ろうという想いの人たちがいたこと。

自分の命をつないできてくださった人たちがいること。


そこに想いを馳せると、**「当たり前のようにある今」に感謝する気持ちと、「自分の命を世のため、人のために使おう」という気持ち**が、自然と湧き上がってきます。

世界は良い方向に向かっている

「百匹目の猿現象」という話を知っていますか。

これは、経営コンサルタントの船井幸雄さんが世に広めたとされていて、その真偽を巡って賛否両論あるのですが、面白い話なのでご紹介します。

宮崎県串間市の幸島（こうじま）で、１匹の猿がイモを洗って食べることを覚えました。すると、同じようにイモを洗う猿が増え、その数が１００匹を超えたところ、その行動が群れ全体に広がり、さらに場所を隔てた大分県高崎山の猿の群れも突然この行動をするようになった、というものです。

今、「自分は幸せじゃない」と感じている人は多いかもしれません。

しかし、「自分は幸せだ」と感じる人が一人増え、その人の影響で一人、また一人と幸せな人が増え、それがある一定数を超えたときに、日本中の人、そして世界中の人がひっくり返ったように、皆が幸せになる――。

おとぎ話のようかもしれませんが、私はそういうことが起きると信じています。

私の生きているうちに、そんな皆が幸せな世界が見られるかどうかはわかりませんが、私はいつも心の目ではっきりとその未来を見ています。

日々のニュースを見るたびに、「世の中は絶望に向かっている」と感じることがあるかもしれません。

ですが私は、**誰がなんと言おうと「世の中は良い方向に向かっている」と信じています。**

なぜそう信じているのかというと、そのほうが未来に希望が持てるし、幸せに生きられると思うからです。

誰も絶望の世の中に生きたくなんてありません。

でも、絶望するかどうかは、**すべて自分で選べる**ということです。

「今が最悪だ」と思っているとしても、最悪のままにするのか、それとも最高に変えていくのかは、すべて自分次第です。

最悪のまま生きていてもいいでしょう。本人の自由です。

私は、最高の中に生きたいと思います。

どんなことが起きたとしても、最高だと思える生き方がしたいのです。

だから、**そんな生き方をすると決めています。**

さあ、あなたはどう生きますか？

おわりに

今回の書籍のタイトルは、最後まで悩みに悩みました。

『幸せの本質』なんて、たいそうなタイトルをつけて大丈夫なんだろうか……」と、正直今でもハラハラしています。

しかし私はこの20年間、「心から幸せに生きる人」を真剣に分析してきました。「幸せの生き証人」といえる、人生の師となる方々に出逢い、多くのことを学ばせていただいてきました。そして、あらゆる学びを仲間と共に実践してきました。

心身の健康を害し、孤独を感じ、貧しさに悩む人が多いこの世の中に絶対に届けたい、後世につなげたいと思ってきた、私なりの本質的な内容を、この1冊に詰め込むことができました。

これまでの著書『大丈夫！すべて思い通り。』『決めれば、叶う。』では語れなかった、具体的かつ実践的な、私が実際に行動してきた内容です。

本書の内容を10年以上コツコツ実践することで、気づいたら理想の自分になっていました。


心身が健康で美しく、心でつながる家族と仲間がいる。

自分の強みを発揮して喜び合いながらお金を得て、時間のコントロールもできている。

いつもそれらに感謝し、幸福感であふれている。

望んだ願いが、意味のわからないくらいバンバン叶う。


そんな理想の自分です。

これらは誰しもが幸せであるために、望んでいるものではないでしょうか。

人が抱える主な悩みといえば、健康、人間関係、お金のどれかでしょう。

本書の内容を、YouTubeの視聴者の方や、仲間にも同じように実践してもらったところ、その方々も同じように年月が経つにつれ、積み上げ式にそんな理想の自分を叶えていきました。

そこで、「ボリューミーな内容になるけど、ええい！　全部盛り込んでしまえ！」

とした結果、分厚めな書籍になってしまいました（汗）。

この10年以上の間に私たちと同じように学んだものの、真摯に実践せずに、病気や孤独、貧困に苦しむようになった知り合いも正直、多くいます。特に、不健康になっていった人の話をよく聞きます。

ありがたいことに私や身近な仲間の場合、10年以上真剣に積み上げてきたことで、今はそれらに苦しむことなく、幸せに豊かに生きられています。

だからこそ、ぜひあなたにも、**今この本を手に取っていることに意味があると感じていただき、できることから積み上げるように実践し続けていただきたい**です。**ここまで読まれたあなたには、失ってから後悔してほしくありません。**

特に、本書の内容は、**大切な人と実践していただきたい**と思います。共に実践する人がいれば、楽しんで継続できるでしょう。

まだまだお伝えしたいことはたくさんありますが、それらは引き続きYouTubeやInstagramをはじめ、別の機会で熱く語っていきたいと思います。

あなたとも交流できたらうれしいので、ぜひ「@honamicoach」アカウントをフォローいただけますとうれしいです。

書籍の感想を投稿いただき、私のアカウントをメンションしていただけると、なおうれしいです。あなたの投稿も見に行かせていただきます（私の一番の楽しみです☆感謝！）。アウトプットすることで、さらに学びが腑に落ちるというメリットもあるので、ぜひやってみてください。

あらゆる悩みを解決するための本質的な内容を、本書に盛り込んだつもりです。今読んでくださっているあなたのお役に、少しでも立てますように。

そして共に、一生涯笑顔あふれる人生が送れますように。

「今、本当に幸せです！」と笑顔いっぱいなあなたと会える日を、心から楽しみにしています。

2023年10月13日

Honami

Special Thanks（敬称略、順不同）

父　母
祖父　祖母
高木　幸賢
長嶺　佳央里
臼杵　志帆
古味　実里
佐々木　由樹
岡崎　麻伊
巌田　美菜子
櫟原　真悠
井上　千晶
西脇　真衣
山根　紗矢香
片山　みか
岡本　笑明
吉田　よしお
吉田　愛加
上田　真紀
細谷　佳世
瀬野　亮子
丸山　リカ
小林　奈歩

境井　朔良
樋口　早苗
不破　礼華
岩﨑　敦美
木原　香織
Dana Silvoza
山下　美希
渡辺　さやか
原　よしか
森永　華
金光　香代
杉本　和歌子
西込　良佑
元辻　悦子
大島　知佳子
大島　邦彦
村上　泰寛
村上　裕子
西田　由佳子
白井　浪子
山村　法子
多田　安代

西堀　健司
平瀬　裕子
角田　泰彦
酒井　滿
間々田　惠子
高沼　道子
小鮒　慶子
小林　英健
小林　朋子
山岡　安江
棚橋　礼子
木越　眞智子
藤川　清美
綾部　矩子
末田　勝
末田　愛
早川　芳一
丹治　昌基子
松田　照夫
松田　とも子
南　良江
上田　妙子

Rex Maughan
Gregg Maughan
ジーンH・山形
依田　芳恵
鈴木　正彦
渡辺　一夫
影山　智徳
西田　豊史
石上　明子
鈴木　崇夫
武富　良吾
松橋　悟
馬場　聖
西山　勝
川畑　嘉顕
山田　啓彦
河内　浩明
魚返　清
白濱　俊
小西　周介
山田　卓二
西川　利幸

齊藤　一朗
佐々　佳彦
新野　由紀子
白木　みどり
除村　明日克
Aidan O'Hare
Rolf Kipp
Dominique Kipp
TeamW members
All FBOs
鈴木　ゆい
旭　美和子
北端　麻里
杉村　太郎
新川　義弘
田畑　章
河村　伸治
山守　麻衣

フォロワーの皆様
今こうして読んで
くださっているあなた

主要参考文献

『精神科医が見つけた3つの幸福』飛鳥新社　樺沢紫苑
『病気の原因は四つある』東林出版社　丹羽駿典
『いまの食生活では早死にする』経済界　今村光一監訳
『新しい腸の教科書』池田書店　江田証
『大腸活のすすめ』朝日新聞出版　松井輝明
『図解　よくわかる陰陽調和料理』農山漁村文化協会　梅﨑和子
『野菜を信じるレシピ』Gakken　船越康弘・船越かおり
『ゆほびか2017年11月号』「腸を再生させる『気能値の高い食品』リスト」マキノ出版　森下敬一
『ディフェンシブ～体を守る～栄養学』Gakken　藤本幸弘
『金持ち父さん貧乏父さん』筑摩書房　ロバート・キヨサキ

Honami（ほなみ）

潜在意識の実践家。静岡県生まれ。中学２年のときに潜在意識を知り、「一重まぶた・暗い・成績ビリのダサい自分」を「二重まぶた・明るい・成績トップのモテる自分」に変えることに成功。脱サラ・起業後、一時は借金生活で家賃も払えない状態から、2018年に法人創立。現在では複数の事業を展開し、年商数億円を達成。潜在意識を活用して健康・美・仲間・お金・時間・豊かさ・自己成長、すべてを楽しみながら手に入れる方法をSNS等で発信している。著書に『大丈夫! すべて思い通り。』、共著に『決めれば、叶う。』(いずれもKADOKAWA)がある。

YouTube「Honami」
Instagram　@honamicoach
X（Twitter）　@honamicoach
TikTok　@honamicoach

幸せの本質
一生涯続く笑顔あふれる人生のつくりかた

2023年10月13日　初版発行
2023年11月15日　３版発行

著者／Honami
発行者／山下直久
発行／株式会社KADOKAWA
〒102-8177　東京都千代田区富士見2-13-3
電話　0570-002-301 (ナビダイヤル)

印刷所／大日本印刷株式会社
製本所／大日本印刷株式会社

●お問い合わせ
https://www.kadokawa.co.jp/（「お問い合わせ」へお進みください）
※内容によっては、お答えできない場合があります。
※サポートは日本国内のみとさせていただきます。
※Japanese text only
定価はカバーに表示してあります。

ISBN 978-4-04-606241-3　C0095